개정판

조리상식

77

초보 요리사가 알아야 할 **조리 기초 상식 77가지**

ing books

조리상식
77
개정판

초보 요리사가 알아야 할 조리 기초 상식 77가지
조리상식77 개정판

개정판
1판 1쇄 발행 2019년 6월 1일

발행 PUBLISH	아이엔지 커뮤니케이션즈
편집 EDITORIAL	ing books 편집부

디자인 DESIGN

디자이너 Designer	김은정, 김성은
교열 Reviser	조진숙

일러스트 ILLUSTRATOR	RELISH

주소 서울시 중구 장충단로 13길 20, 13층
전화 02-6953-4439 **이메일** books@ingbooks.kr **홈페이지** www.ingbooks.kr
ISBN 979-11-966929-2-6 03590

CONTENTS

감칠맛의 비밀	04	베샤멜소스 응용	34	소고기 부위 리스트	72	토마토소스 응용	108
계량법	06	벨루테소스 응용	36	소시지 수제로 만들기	76	파떼 아 슈	110
고기	08	분자요리의 이해	38	수비드	78	파스타 도구	112
고기 부드럽게 만들기	09	브라운소스 응용	40	스테이크	80	파스타면 잘 삶는 법	113
고기 육수	10	생선 손질 기본 도구	42	시즈닝 맵	82	파스타 생면	114
달걀 삶기	12	세계 최고의 레스토랑	43	조리법 별 시즈닝 타이밍	84	파티시에	115
달걀 파스타면	13	세계의 간장	44	썰기 : 양식 기본 썰기	86	팬 조리법	116
닭고기 손질	14	세계의 식재료 : 남아메리카	46	썰기 : 양식 특수 썰기	87	팬의 종류	118
닭의 부위별 사용법	16	세계의 식재료 : 동남아시아	48	썰기 : 일식 기본 썰기	88	페스토	120
돼지내장	18	세계의 식재료 : 북유럽	50	썰기 : 한식 기본 썰기	89	퓌레	122
돼지갈비 트리밍 하기	19	세계의 식재료 : 스페인	52	일식 소스 10선	90	플레이팅	124
돼지고기 부위 차트표	20	세계의 식재료 : 이탈리아	54	음식과 올리브오일	92	한식 양념장	126
돼지고기 부위별 사용법	22	세계의 식재료 : 인도	56	장, 한식의 기본	94	해산물 육수 3가지	128
레시피 기본 작성법	23	세계의 식재료 : 일본	58	중국요리의 기본	96	햄&소시지	130
레시피 속 모든 단위	25	세계의 식재료 : 중국	60	처트니	98	허브	134
마리아주	26	세계의 식재료 : 프랑스	62	치미추리	99	홀랜다이즈소스 응용	136
맥주&음식 페어링 기본	27	세계의 식재료 : 한국	64	치즈의 종류	100	후추	138
머랭	28	세계의 푸드 컨퍼런스	66	크렘 파티시에	102		
모체 소스	30	소고기와 과학	68	타마고야키	104		
미장 플라스	32	소고기 마블링	70	테이블 매너	106	찾아보기	140

감칠맛의 비밀

감칠맛이라는 것은 우리가 멸치육수를 먹거나 다시마, 가츠오부시, 토마토 등을 입에 넣고 천천히 씹어 삼킨 후에 남는 맛의 여운 같은것으로 단맛, 짠맛, 신맛, 쓴맛도 아닌 혀 위에 맴도는 맛이다. 우리는 음식을 먹고 마음이 푸근해지는 맛, 기분 좋은 맛, 먹고 나면 미소가 지어지는 맛 등의 표현을 사용한다. 감칠맛이란 이런 표현과 가장 잘 어울리는 맛이다.

인간이 태어나서 처음 섭취하게 되는 맛은 무엇일까? 바로 감칠맛이다. 신생아들은 태어나자마자 모유를 먹게 된다. 모유 속에는 글루탐산이 다량 함유되어 있는데 우유와 비교하면 약 10배 이상이다. 감칠맛을 내는 대표 성분이라고 할 수 있는 글루탐산은 단백질을 형성하는 아미노산의 하나다. 단백질은 인간과 생물의 세포를 형성하는 주요 성분으로 우리 신체에서도 만들어진다. 신체에는 약 2%의 글루탐산을 함유하고 있어 체중이 50kg인 사람이라면 약 1Kg의 글루탐산을 가지고 있다는 의미이다. 그렇다면 이제 우리가 태어나서 모유를 먹고 감칠맛을 처음 느낄 수 있다는 말을 이해할 수 있을 것이다. 우리의 미각은 예전에 먹어봤던 맛, 계속 먹어왔던 맛을 다시 찾게 되는 매우 보수적인 성향을 가지고 있다. 그렇게 때문에 친숙한 맛인 감칠맛을 맛있다고 느끼는 것은 아닐까?

감칠맛은 일본의 이케다 기쿠나 박사가 1908년 다시마로부터 글루탐산을 추출하는 데 성공해 이 맛을 '우마미'라고 붙이면서 세상에 알려졌다. 요리의 감칠맛을 끌어내는 소재는 나라와 지역에 따라 다양하다. 아시아 지역에서는 예로부터 대두나 어패류, 해초 등의 독특한 식재료를 사용해왔다. 유럽에서는 쇠고기나 돼지고기, 치즈, 토마토 등 감칠맛을 많이 함유하고 있는 식재료를 조미료로 사용해왔다. 또 전통적인 조미료 중 고기나 생선, 곡류나 콩류를 발효시킨 발효 조미료 등 평소 의식하지 않고 사용해오던 식재료들 중에서도 감칠맛을 가지고 있는 것들이 많다. 전 세계적으로 감칠맛에 대한 반응을 살펴보면 분명 선호하는 맛임이 확실하며 감미, 유지와 같이 글로벌하게 수용되고 있다.

감칠맛에 대한 기호가 선천적으로 선호하는 맛인 것과는 반대로 후각을 동반하는 풍미의 기호는 후천적이고 지역적 특성이 매우 강하며 식문화와 밀접한 관계를 가지고 있다. 음식물을 넘기기에 앞서 풍미 또는 시각적으로 얻게 되는 정보가 음식에 대한 기호를 판단하는 데 큰 영향을 끼쳐 식문화에 맞지 않는 풍미를 쉽게 받아들이지 못하기 때문이다. 그 나라의 육수는 그 지역의 재료를 사용해 육수를 추출한다. 그래서 그 지역 특유의 육수를 좋아하게 된다는 것은 그 식재료의 풍미를 받아들일 정도로 익숙해졌다는 의미다. 예로 처음 가쓰오부시 육수를 접한 한국 사람들의 반응을 보면 그 특유의 훈연 향과 달큰하고 쌉싸래한 풍미에 익숙하지 않은 탓에 기호도가 그리 높지 않았다. 그러나 일본 음식을 자주 접하면서 풍미에 익숙해지자 기호도와 연관되어 좋아하는 맛으로 인지하게 되었다고 한다.

식사를 하는 데 있어서 감칠맛 성분은 미각을 자극해 음식을 맛있게 하는 것 외에 타액의 분비를 촉진시켜 음식을 씹고 안전하게 삼킬 수 있도록 하며, 위장의 감각을 활성화해 위액의 분비를 촉진시켜 음식물의 소화 흡수를 돕는다. 마지막으로 점액의 분비를 촉진시켜 소화를 하는 소화관을 보호하는 역할을 한다. 우리가 식사를 할 때 국이 있으면 밥이 술술 잘 넘어간다는 말을 종종 하는데, 물론 수분을 함께 섭취하기 때문에 잘 넘어가기도 하지만 원천적으로 본다면 소화액 분비가 증가해 소화 흡수가 원활하게 이루어지기 때문이기도 하다. 또 감성적인 면에서 본다면 맛있는 음식을 먹는다는 것은

스트레스를 해소해주는 큰 요소로 작용해
즐거운 마음으로 식사를 하게 되기
때문이기도 하다.

감칠맛이 함유된 재료를 폭넓게 활용한다면
앞으로 미각뿐만 아니라 건강에 미치는
중요한 점들을 속속 찾게 될 것이다. 요리를
하는 사람의 입장에서 본다면 감칠맛이
증가하게 되면 짠맛을 조금 줄이더라도 그
요리를 맛있게 먹을 수 있다는 것을 알게
됐을 것이다. 한 가지 재료보다는 두 가지
이상의 재료를 사용함으로써 감칠맛을 더욱
진하게 느낄 수 있으며 감칠맛의 강도가
적절하게 증가하면 염분 사용을 줄일
수 있다는 것을 기억하며 미각의 정보를
활용해 보길 바란다.

by 배화여대 전통조리과 교수, 김정은

계량법
: 레시피를 지켜 요리해야 한다면 계량법도 지켜라

레시피를 작성할 때나 레시피대로 요리할 때 요리에 들어가는
재료의 분량이 어느 정도인지에 대한 계량이 중요하다.
정확한 계량은 모든 사람들이 레시피에 최대한 가까운 맛과
일관된 맛을 내게 한다. 지금 레시피를 작성한다면
재료에 대한 올바른 계량법이 필요하다.

비커

액체

비커는 주로 용량이 많은 우유, 기름, 물과 같은 액체를 계량할 때
사용한다. 이때 주의해야 할 점은 바닥이 수평인 곳에 비커를 놓아야 하고
시선은 비커 정면에서 바라봐야 정확하게 계량할 수 있다.

계량컵

가루

밀가루와 같은 가루류를 계량할
때에는 체에 한 번 내린 후 계량해야
가루 속 덩어리진 부분 없이
항상 일정하게 잴 수 있다.

체에 내린 가루는 누르거나
흔들지 말고 소복하게 담은 후
윗면을 수평으로 깎아 계량한다.

계량컵

액체
평평한 곳에서 눈금에 맞게 담거나
액체가 흘러넘칠 듯 채워 계량한다.

고체
버터는 실온에 두어 상태가 부드러워진 후
윗면을 평평하게 눌러 담고 계량한다.

계량스푼

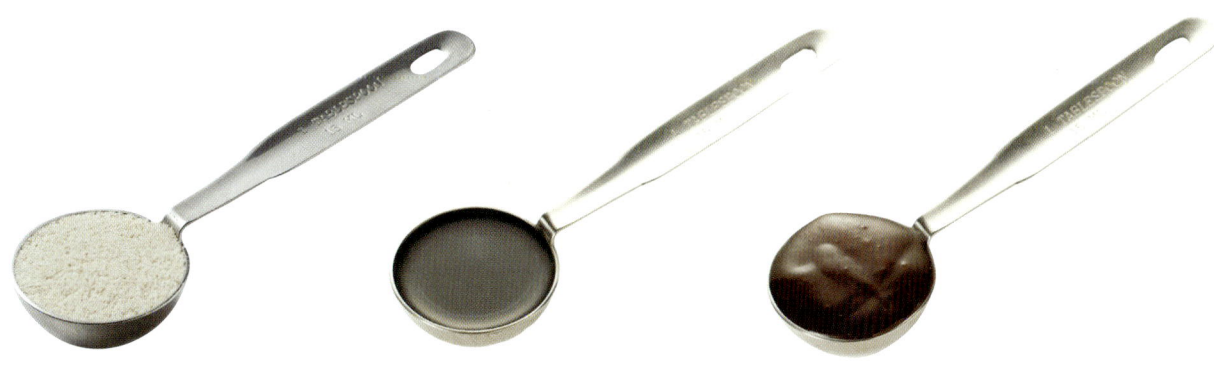

가루
스푼에 소복하게 담은 후 윗면을 평평하게
깎아 계량한다.

액체
스푼에 담긴 액체를 윗면까지 찰랑하게
가득 채워 계량한다.

농도가 있는 액체
농도가 있는 액체는 스푼에 담았을 때 윗면이
볼록하게 채워 계량한다.

고기
: 닭, 소, 돼지 말고 또 다른 고기의 종류

고기는 약 9,000년 전부터 인간의 식탁에 올랐다. 고기는 그것이 개구리 뒷다리이든 돼지의 삼겹살이든 음식으로서 먹을 수 있는 동물의 조직을 말한다. 과거에 고기는 단백질과 철분 등을 얻을 수 있는 에너지원이었다면 영양 과다의 시대인 현대에 고기는 미식의 목적이 점점 커지는 추세다. 인간이 가장 흔히 요리하고 찾아 먹는 닭고기, 소고기, 돼지고기 등을 포함한 다양한 식육을 살펴보자.

소
소는 가축되는 동물 중 몸집이 가장 크다. 나라마다 고유의 품종을 가지고 있기도 하고, 선호하는 부위나 조리법 등이 다양하다.
송아지 고기(Veal)를 먹기도 하는데, 소고기보다 색이 옅고 육질이 부드러우며 육즙이 풍부하다.

돼지
세계에서 가장 많이 소비되는 고기다. 돼지고기를 가공해 만든 소시지나 햄 등의 종류도 다양하다.

양
대부분의 유럽 양 품종은 털 생산에 특화되어 고기를 먹기 위한 품종은 상대적으로 드물다. 통상 1년 7개월을 기준으로 어린 양은 램Lamb이라고 하고, 늙은 양은 머튼Mutton이라고 부른다.

가금류
일반적으로 나이가 많고 몸집이 클수록 맛이 강하다. 닭과 칠면조, 오리, 거위, 메추라기, 꿩, 비둘기 등을 먹는다.

야생동물
유럽의 레스토랑에서는 가을 사냥 시즌이 되면 수렵한 야생 오리, 토끼, 꿩, 사슴, 멧돼지, 버펄로, 자고새 등을 먹는다.
이 중 야생동물이지만 농장에서 기르는 동물들도 있다.

고기 부드럽게 만들기

조리를 통해 질긴 고기를 부드럽게 해 맛을 좋게 하고 소화를 쉽게 하는 것을 연화라고 한다.

물리적 방법
고기를 두들기거나 칼집을 넣고, 부드럽게 가는 방법이 있다. 혹은 아주 얇게 썰어 익히는 방법도 있다. 고기 속에 기름 조각인 비계를 끼워 넣는 라딩 Larding이라는 방법도 사용한다.

고기 연화제
배와 파인애플, 키위, 무화과, 생강 등 식물의 단백질 소화 효소가 고기를 연하게 만든다. 이들을 갈아서 양념장에 넣기도 하고, 마리네이드하기도 한다.

소금물에 재우기
고기를 3~6%의 소금물에 담가두면 단백질 근세포들이 수분을 흡수해 무게가 10% 정도 증가한다. 수분을 머금은 고기는 조리 시 수분이 증발하면서 퍽퍽해지는 것을 보완해준다.

찢기
덩어리 고기를 오래도록 익힌 뒤 결대로 찢는다. 우리나라의 장조림이 질긴 고기를 찢어 부드럽게 먹는 대표적인 찢기 요리법이다. 미국의 바비큐 역시 덩어리 고기를 구운 뒤 찢고, 다시 육즙이나 소스를 뿌려 촉촉하고 부드럽게 만든다.

고기 육수
: 육수의 역할

육수는 고기로 낸 국물을 의미한다. 전 세계에서 공통으로 쓰이는 기본적인 요리법이다. 동서양을 막론하고 육수를 사용하는 이유는 음식의 감칠맛을 더해주는 것과 더불어 국물에 우러나온 영양분을 그대로 섭취할 수 있는 장점 때문이다. 감칠맛을 구성하는 성분 중 글루탐산은 다른 성분과 강하게 결합하고 있어 오랜 시간 푹 끓여야 한다. 시간과 비용은 단축하고 간편하게 육수의 맛을 내기 위해 액상형, 가루형, 블록형 등 다양한 응축 제품이 판매되고 있다.

: 치킨스톡
CHICKEN STOCK

치킨스톡은 어느 나라에서나 많이 쓰이는 가장 베이식한 스톡이다. 닭 뼈, 다양한 채소, 허브와 함께 오랜 시간 낮은 온도에서 고아낸 치킨스톡은 요리에 조금만 넣어도 향긋한 허브향과 풍미가 살아난다. 닭 뼈를 오븐에 한 번 더 구워내 사용하기도 하는데, 그 과정을 거치면 감칠맛을 더 뽑아낼 수 있다.

: 콩소메
CONSOMMÉ

콩소메는 프렌치 요리에서 절대 빠질 수 없는 대표적인 메뉴. 고기 국물로 만든 수프의 일종으로 진한 육수나 부이용Bouillon을 맑게 걸러낸 것이다.
달걀흰자로 머랭을 쳐서 당근, 양파, 셀러리 등 채 썬 채소와 버무려 육수에 넣고 끓이다가 마지막에 거른다. 달걀흰자는 육수의 불순물이나 누린내를 없애주기 때문에 부이용보다 더 맑고 담백하게 만드는 역할을 한다. 보통 소고기를 이용하여 육수를 내지만 닭고기, 간혹 어패류를 쓰기도 한다.
맑게 거른 콩소메는 다른 수프나 소스를 만들 때 사용하면 풍미를 돋워주고 깔끔한 맛을 준다. 그리고 구운 고기를 이용해 진한 색을 뽑아내 수프로 먹기도 한다.

채소와 살코기를 잘게 잘라 모두 로보쿱(블렌더)에 넣어 재료들이 고루 섞이도록 간다.
달걀흰자를 조금씩 부어가며 재료들이 잘 섞일 수 있도록 한다. 너무 오래 돌리면 재료의 온도가 올라가 맛이 변질될 수 있으니 주의한다.

미리 만들어둔 육수에 **1**을 넣고 고루 섞는다. 달걀흰자가 익는 점인 50℃ 이하에서 작업해야 깨끗한 국물을 얻을 수 있다. 온도가 천천히 올라갈 수 있도록 약한 불에서 끓인다. 끓기 시작하면 달걀흰자의 응고 작용으로 모든 불순물이 덩어리지면서 뭉친다.

고운 체에 거르거나 촉촉하게 물기를 머금은 깨끗한 천에 맑은 국물만 걸러낸다. 이때 한 국자씩 육수를 걸러 맑은 것만 떠낸다. 먹기 직전 소금간을 한다.

달걀 삶기
: PERFECT BOILED EGGS

요리사들조차 달걀 삶는 것쯤이야 식은 죽 먹기라고 생각하는 사람이 태반이다. 기본 중의 기본, 달걀 요리의 핵심은 달걀 삶기다. 달걀 삶기는 달걀을 깨보기 전까지는 속을 알 수 없으니 은근히 까다로운 조리법이다. 몇 분을 삶느냐에 따라 달걀의 식감은 천차만별로 달라진다. 노른자의 녹진거리는 크림 같은 식감부터 포슬거리는 식감까지 다양한 맛을 즐길 수 있는 달걀의 삶는 법을 총정리했다. 제대로 삶은 달걀 한 알은 어떤 요리와도 완벽하게 매치할 수 있다.

HOW TO BOILE EGG

Step 1
냄비에 달걀이 잠길 만큼 넉넉하게 물을 붓고 식초 1스푼과 소금 약간을 넣는다.

Step 2
달걀을 넣고 약 4분간 굴려서 노른자가 가운데로 오게 한다.

Step 3
물이 끓는 시점부터 시간을 재서 삶는다.

Step 4
시간이 되면 건져서 바로 찬물에 담가 식힌다.

Soft Boiled Egg / 3min.
흰자는 완전히 굳지 않고 노른자가 흐르는 상태로 부드럽고 고소한 맛을 한껏 즐길 수 있다.
With Food 에그 베네딕트

Soft Boiled Egg / 5min.
흰자는 어느 정도 굳었으며 노른자는 가장자리부터 굳기 시작한다.
With Food 라면

Soft Boiled Egg / 7min.
흰자는 완전히 굳었지만 노른자는 반만 익은 상태로 노른자의 녹진거리는 식감을 즐길 수 있다.
With Food 반숙 달걀

Soft Boiled Egg / 9min.
노른자의 80%가 굳었지만 안쪽에 약간의 수분이 남아 있어 퍽퍽하지 않게 먹을 수 있다.
With Food 에그 오픈 샌드위치

Hard Boiled Egg / 11min.
노른자가 대부분 굳어 깔끔하게 커팅되므로 가니시로 쓰면 좋다.
With Food 에그 카나페

Hard Boiled Egg / 13min.
노른자가 완전히 굳어 일정한 색을 띠며 더 오래 삶으면 변색된다.
With Food 달걀장조림

달걀 파스타면
: 재료의 역할

색이 노랗고 고소한 맛과 부드러운 식감이 특징인 생면 파스타. 달걀, 밀가루, 올리브오일, 우유가 기본 재료다. 모든 재료를 섞어 반죽한 뒤 반나절에서 하루 정도 냉장고에 넣어 휴지시킨 뒤 사용한다. 각 재료별 특성을 소개한다.

우유 Milk
반죽에 수분을 주기 위해 물이나 우유를 사용한다. 우유는 물과 비교했을 때 상대적으로 풍미가 더 좋다. 하지만 아주 미묘한 차이이기 때문에 미각이 뛰어난 사람이 아니면 느끼기 어렵다.

올리브오일 Olive oil
올리브오일을 넣으면 반죽이 더 부드럽다. 소량 넣기에 올리브오일 특유의 향은 날아가지만, 기름의 특성상 글루텐 생성을 방해하기 때문에 자칫 너무 단단하고 쫀쫀해지는 도우를 적당히 풀어주는 역할을 한다.

달걀 Egg
달걀을 넣으면 물을 넣어 반죽한 것과 비교했을 때 훨씬 부드러운 식감을 낸다. 노른자는 풍미를 더하는 역할을 한다. 달걀흰자는 산도를 조절하는 역할을 하지만 맛에는 큰 영향을 주지 않는다. 밀가루를 물로 반죽하면 글루텐이 쉽게 생기지만 달걀노른자를 많이 넣어 반죽하면 글루텐 생성이 쉽지 않다.

밀가루 Flour
파스타 반죽에는 모든 종류의 밀가루를 사용한다. 만드는 사람의 취향에 따라 밀가루를 달리 사용하는데, 주로 건면에 사용하는 밀가루는 세몰리나다. 생면도 상황에 따라 세몰리나로 반죽을 만들기도 하는데, 상대적으로 단단한 반죽인 카바텔리에만 쓰인다. 강력분은 세몰리나보다 글루텐이 적어 파스타 반죽이 더 부드럽다. 볶은 밀가루를 섞어 반죽하기도 하는데, 그러면 색이 진하고 매우 구수한 맛을 낸다.

닭고기 손질
: DESTINY OF CHICKEN

닭고기의 운명은 어떻게 잘리고 손질되어 어떤 요리에 쓰이느냐에 따라 달라진다. 큼직하게 잘라 뼈째 요리를 하거나, 섬세하게 살을 발라내 말끔한 모양의 요리를 하기도 한다. 정식당의 셰프 임정식이 룰라드Roulade 방법과 가장 간단하게 5등분하는 방법을 상세하게 보여준다.

by Chef 임정식

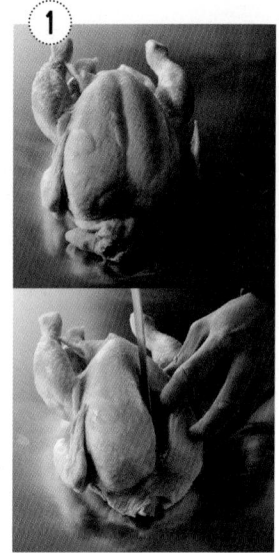

닭가슴살이 위쪽을 향하도록 닭을 뒤집는다. 몸통 한가운데 뼈를 중심으로 칼집을 넣은 뒤 뼈와 닭가슴살을 분리한다.

허벅다리의 관절을 꺾은 뒤 칼집을 넣어 닭다리를 분리한다. 나머지 한쪽도 분리한다.

WHOLE CHICKEN ROULADE METHOD

둥글게 말아서 조리하는 방법을 룰라드라고 한다. 닭 한 마리를 통째로 말아버리는 이 커팅 방법은 닭껍질을 깨끗이 벗기는 법과 닭을 부위별로 자르는 법, 닭 한 마리 그대로를 마는 법을 한번에 할 수 있다. 손질된 치킨 룰라드는 랩으로 말아 진공팩에 넣어 스팀으로 익히거나, 저온에서 오래 중탕해 익히는 수비드 요리를 한다. 또는 조리용 실로 말아 통째 요리하기도 한다.

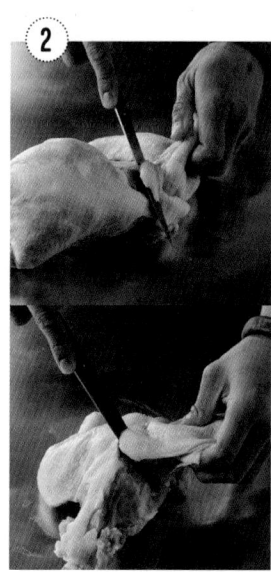

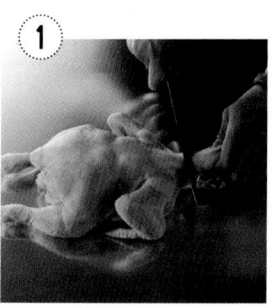

닭의 목을 잘라낸 뒤 날개의 관절을 꺾어 잘라낸다.

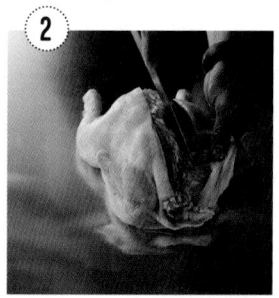

닭의 등쪽 한가운데 칼집을 넣어 칼 끝으로 살살 긁어가며 잡아당겨 껍질을 벗긴다.

5 PIECE CUT

닭가슴살과 닭날개가 함께 있는 이 부위의 이름은 슈프림Supreme이다. 속을 채워 조리하거나 바비큐 요리에 쓰인다. 닭허벅다리와 닭다리가 붙어 있는 부위는 양념을 해서 굽는 바비큐 요리나 코코뱅 같은 스튜 요리에 적당하다.

닭을 뒤집어 날개 관절 부위를 꺾은 뒤 칼집을 넣어 완전히 분리한다. 나머지 한쪽도 같은 방법으로 분리한다.

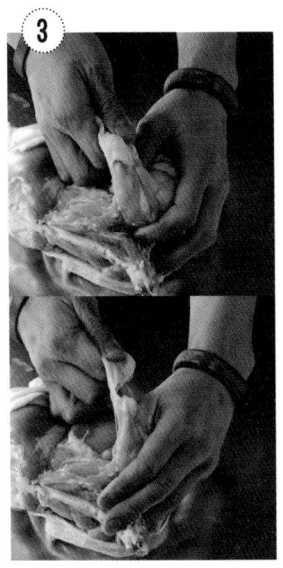

날개가 접힌 부분의 힘줄을 끊어낸 뒤 껍질을 잡아당기며 벗겨낸다.

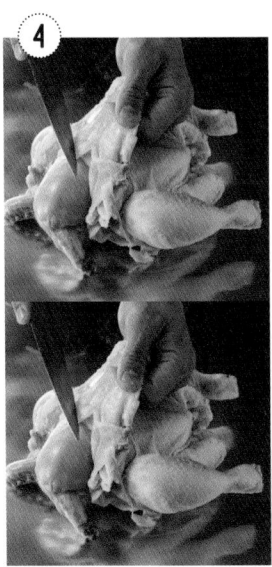

뒤집어 가슴 쪽도 칼 끝으로 살살 긁어가며 껍질을 벗기고 잡아당겨 껍질을 벗긴다.

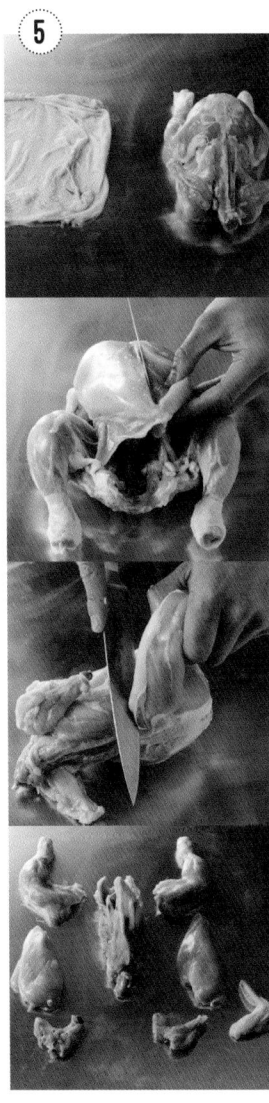

닭가슴살을 양쪽 다 발라낸 뒤 닭허벅다리의 관절을 꺾어 다리를 잘라낸다.

다리는 뼈 모양을 따라 칼집을 낸 뒤 살만 발라낸 뒤 길게 썬다.

벗겨낸 닭껍질에 닭다릿살과 닭가슴살을 얹어 만다.

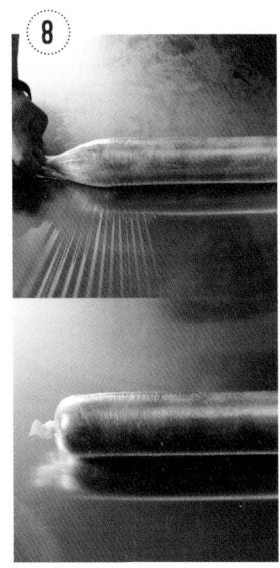

랩으로 닭을 여러 번 단단하게 감싼 뒤 양끝을 묶는다

015

CHICKEN CHART
: 부위별 사용법

닭의 각 부위에 대해 당신이 궁금했던 모든 것을 담았다.

닭목
말 그대로 닭의 목 부분이다. 살이 많지 않지만 특유의 쫄깃한 식감과 고소한 맛이 특징이다. 활용도가 높지 않은 부위이기 때문에 육수를 낼 때 넣거나 튀겨서 먹는다. 최근에는 목뼈 살만 발라내 소금구이나 양념구이, 꼬치로 먹기도 한다.
Best Way to Cook 육수, 튀김, 구이, 양념구이, 꼬치

안심살
가슴살 안쪽에 가늘고 길게 붙어 있는 대나무잎 모양의 부위로 100% 백색 근섬유로만 구성되기 때문에 빛깔이 희다. 안심살은 콜레스테롤 함량이 매우 낮고 지방 함량은 닭가슴살보다 높아서 담백하면서도 부드럽다. 담백한 닭고기 맛을 즐기고자 한다면 안심살보다 좋은 부위는 없다.
Best Way to Cook 튀김, 볶음, 찜, 샐러드, 냉채

가슴살
닭에서 살코기의 양이 가장 많은 부분으로 백색 근섬유로만 이루어져 옅은 핑크색을 띤다. 지방 함량이 가장 적은 대신 단백질을 많이 함유하고 있어 고단백 식품으로 손꼽힌다. 근섬유 다발이 가늘고 일정하게 뻗어 있어 식감이 부드럽지만, 지나치게 가열하면 퍼석퍼석해진다. 진한 풍미의 소스를 곁들여 촉촉하게 즐기는 요리가 좋다.
Best Way to Cook 튀김, 구이, 볶음, 찜

날개살
가슴살 위에 붙어 있는 날개 부분으로, 뼈를 감싸고 있는 근육의 양보다는 껍질의 비율이 높아 콜라겐과 펙틴질이 풍부하며, 쫄깃하고 고소한 맛이 진하다. 또한 비타민 A가 함유되어 육즙이 많고 풍미가 좋은 편이다. 조림이나 튀김 요리에 주로 이용되고, 젤라틴 성분 덕분에 육수를 내거나 수프를 만들 때 이용하기도 한다.
Best Way to Cook 조림, 튀김, 수프, 육수

다릿살
무릎 관절에서 발목까지를 말하는데, 운동량이 많은 근육들로 구성되어 있어 붉은 기가 짙다. 색이 짙은 만큼 고기의 탄력성이 좋아 쫄깃하게 씹히는 맛이 좋고, 육즙과 적당한 지방이 어우러져 감칠맛이 풍부하다. 칼로리가 높지 않고 필수 아미노산이 풍부해 남녀노소 모두에게 좋은 단백질 공급원이다.
Best Way to Cook 구이, 튀김, 조림, 찜

넓적다릿살
무릎 관절에서 엉덩이 관절 사이의 넓적다리 부위를 말한다. 비교적 운동량이 많은 근육들로 구성되어 있어 붉은빛을 띠고, 육질이 단단하면서도 지방을 적당히 함유하고 있어 부드럽다. 지방이 껍질과 근육 사이에 축적되어 있기 때문에 껍질과 함께 요리하면 감칠맛과 쫄깃한 식감을 느낄 수 있다.
Best Way to Cook 튀김, 구이, 조림, 찜, 볶음, 탕

닭간

소, 돼지의 간보다 냄새가 덜한 것이 특징이다. 물에 담가 핏물을 빼고 붙어 있는 기름과 힘줄을 제거한 후 사용한다. 간혹 심장이 붙어 있는 경우도 있으니 끊어내 사용하도록 한다. 서양에서는 파테Pâté를 만들거나 소스에 많이 사용한다. 닭 모래주머니를 볶아 먹을 때 부드러움을 주기 위해 닭간을 넣기도 한다. 일본에서는 야키토리やきとり로 즐겨 먹는다. 신선한 정도에 따라 맛의 차이가 많이 나므로 요리할 땐 좋은 품질의 닭간을 사용하도록 한다. 철분이 많이 들어 있어 빈혈 예방에 좋다.

모래주머니

닭똥집으로 많이 부르는 모래주머니는 친칙히 닭의 위와 이어진 '근위'를 말한다. 닭이 섭취한 먹이는 모래주머니에서 같이 섭취한 풀이나 모래알에 의해 분쇄되어 소화가 이루어진다. 근육이 강하고 단단하며 식감이 쫄깃하고 씹을수록 독특한 맛과 향미를 느낄 수 있다. 지방 함량이 거의 없고 근육 및 결합 조직이 대부분 단백질이기 때문에 좋은 단백질 공급원이며 맛도 담백하다. 소금구이나 튀김, 양념볶음, 꼬치구이 등으로 주거 먹는다. 전라남도 강진에서는 닭 부속물을 많이 먹는데, 모래주머니를 회로도 먹는다. 얇게 처며 볶아 조림으로 활용하는 것도 좋다.

닭발

닭의 다리살을 제거하고 남은 발 부위다. 근육의 양이 적고 뼈와 껍질이 대부분을 차지한다. 우리나라에서는 주로 볶음으로 조리하거나 숯불에 구워 술안주 메뉴로 즐긴다. 전라남도 강진이나 해남에서는 바로 잡은 닭의 발을 다진 뒤 양념해서 회로 먹는다. 젤라틴을 다량 함유하고 있어 끓여서 굳힌 후 족편으로 즐기기도 한다. 중국에서는 맥주 안주로 닭발을 튀겨 소스에 넣고 졸여 먹는다. 닭발로 육수를 내기도 하는데, 뽀얗고 진한 맛이 특징이다. 육수에 닭발을 튀겨서 넣으면 잡내가 없고 깔끔한 맛을 낸다. 인도네시아에서는 닭발을 사용한 소또 체케Soto Ceker라는 수프가 유명하다.

닭연골(물렁뼈)

닭연골은 오도독한 식감을 살려 조리하는 경우가 많다. 주로 튀겨 먹거나 꼬치에 끼워서 구워 먹는데, 중국에서는 닭연골을 튀겨 고추와 함께 볶아 먹는다. 만두 속에 닭연골을 썰어 넣는 등 밋밋한 식감에 포인트를 주기 위해 사용하기도 한다.

돼지내장
: OFFAL

우리는 예상외로 가까운 곳에서 돼지 내장을 즐겨 먹는다. 분식집에서 흔히 먹는 선지로 만든 순대와 함께 삶아져 곁들이는 간, 위, 허파 등의 부위다. 이 외에도 국내에서 유통되는 돼지 내장을 정리했다. 내장 부위는 살코기 부위보다 냄새가 쉽게 난다. 수분이 많고 단백질 조직의 산패가 빠르기 때문에 신선한 것으로 요리해야 한다는 점을 주의하자.

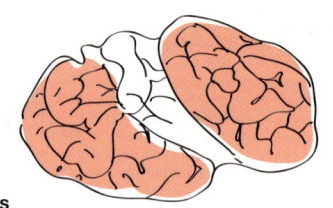

뇌 Brains
근육이 거의 없어 매우 부드럽다. 조리 시 잘 부스러져 모양 유지를 위해 살짝 데친 뒤 2차로 다양한 조리법으로 요리한다. 식감이 좋지만, 맛이 특별하진 않으니 양념이나 소스를 활용하는 것이 좋다. 튀김이나 수프의 건더기로 식감을 살리는 조리법도 추천한다.

위 Stomach
씹는 맛이 쫄깃쫄깃하고 구수한 맛이 특징이다. 돼지 부속 구이집에 가면 돼지의 위를 오소리감투라는 별명으로 부르기도 한다. 살짝 데쳐서 전골로 먹거나 무침, 볶음, 수육 등으로 먹는다.

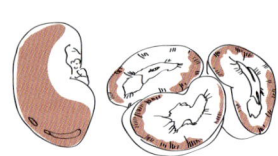

콩팥 Kindey
삶아서 먹으면 씹는 맛이 부드러워 좋다. 신선할 때에는 돼지 내장 특유의 냄새가 강하지 않아 일반 돼지고기처럼 다양한 요리에 사용해도 좋다. 그대로 썰어 구이 요리로 쓰거나, 큼직하게 썰어 볶음, 스튜, 찜 등의 조리법으로 요리한다.

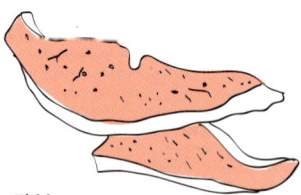

간 Liver
돼지고기 중 철분이 가장 많이 함유된 부위다. 우리나라에서는 삶거나 쪄먹는 조리법이 흔하다. 중국에서는 볶음 요리로 먹기도 한다. 프랑스나 유럽국가에서는 갈아서 파테Pate를 만들어 먹는 것이 일반적이다. 아주 신선한 간은 구워 먹는 것도 좋다. 돼지 간은 너무 오래 익히면 수분이 모두 빠져나가 먹었을 때 조직감이 떨어지니 익히는 정도에 신경 써야 한다.

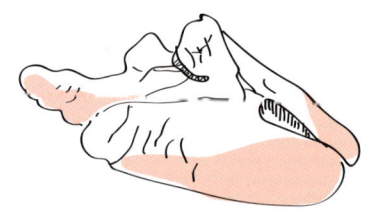

허파 Lungs
우리나라는 돼지의 내장을 삶아 먹는 것이 가장 일반적이다. 허파 역시 마찬가지로 통째로 삶아서 수육처럼 썰어 먹는다. 내장 요리법이 발달한 중국에서는 수프의 건더기로 사용하거나 볶음요리로 먹는다. 씹는 맛이 좋아 삶아서 차게 식힌 뒤 냉채로 먹기도 한다.

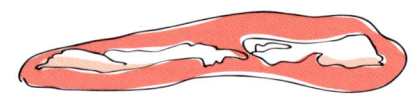

지라 Spleen
돼지의 지라는 간과 매우 비슷한 식감이다. 돼지의 다른 내장 부위와 마찬가지로 유럽 국가에서는 갈아서 테린이나 파테, 소시지 등의 속으로 활용한다. 그 외에도 구이나 찜, 스튜 등의 요리와도 잘 어울린다.

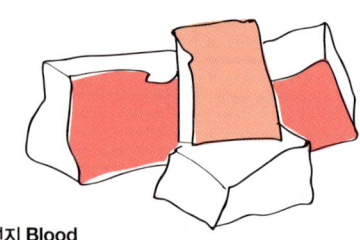

선지 Blood
돼지의 피를 식혀서 굳힌 것을 선지라고 한다. 굳지 않은 신선한 돼지 피는 순대를 만들 때 넣거나 블러드 소시지의 속 반죽을 만들 때 사용한다. 우리나라에서 선지는 국의 건더기로만 주로 먹지만, 여러 나라에서 튀김 옷을 입혀 튀기거나, 내장이 들어간 전골이나 수프 등에 넣어 먹는다.

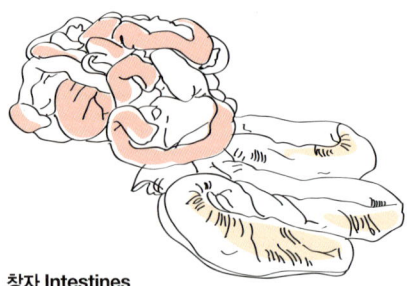

창자 Intestines
소창, 대창, 막창으로 이루어진 돼지의 창자. 우리나라에서 소창은 순대의 외피, 대창은 볶음, 막창은 구이로 주로 먹는다. 아시아 국가에서는 돼지 창자를 즐겨 사용하는데, 국물 요리나 구이, 볶음 요리 등 다양하다. 소시지를 만드는 국가에서는 소시지의 외피로 사용하는 것이 가장 흔하다.

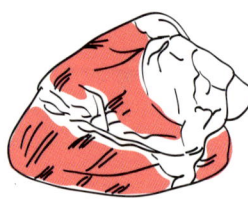

심장 Heart
내장 중 가장 활동이 많은 근육부위로 누린내가 거의 없다. 다만 피가 많이 고여 있는 부위이기 때문에 요리하기 전 핏물을 충분히 빼주어야 하고, 질긴 힘줄과 근육 조직을 잘 손질해 사용해야 한다. 삶아서 수육처럼 먹거나 통째로 굽는 방법을 추천한다.

돼지갈비 트리밍 하기
: TRIMMING PORK RIB

돼지갈비를 통으로 요리할 수 있는 손질법을 소개한다. 돼지갈비 부위 중 어깨와 이어지는 부분을 직접 트리밍해 뼈 모양이 살아 있는 구이 요리를 할 수 있다. 덩어리가 크고, 고기 면에 요철이 있어 오븐 구이에 적합하다.

by Chef 이재훈

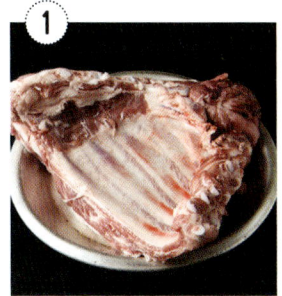

돼지갈비 중 어깨 쪽에서 등 쪽으로 가는 부위를 준비한다. 뼈가 5대 정도 붙어 있으면 충분하다.

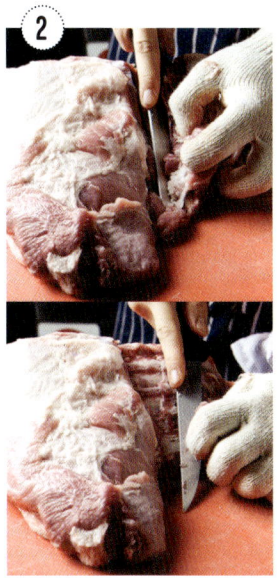

원하는 뼈 길이에 맞춰 칼집을 낸 뒤 뼈 위에 붙은 살과 그 주위의 살코기를 잘라낸다.

살코기를 발라내고 뼈가 보이면 갈비뼈 사이사이에 칼집을 넣어 근막을 끊어낸다.

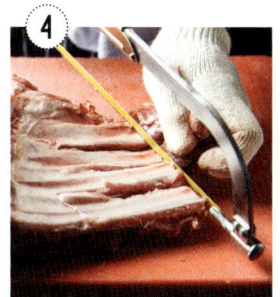

뼈를 자르는 전용 줄톱을 사용해 갈비뼈를 잡을 수 있을 정도의 길이를 남겨놓고 사선 모양으로 잘라낸다. 이때 뼛가루가 살에 박히지 않도록 조심한다.

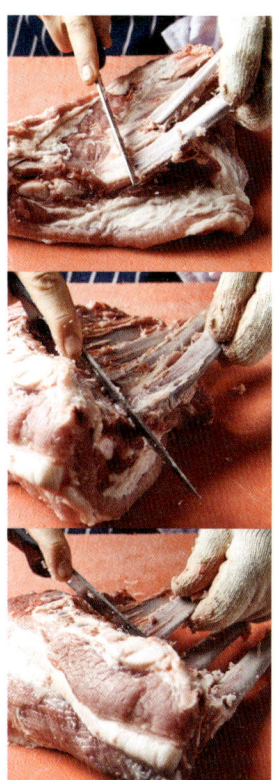

뼈가 노출된 부분의 뼈에 붙어 있는 살점과 근막을 모두 벗겨낸다. 살이나 근막이 남아 있으면 구울 때 지저분하고, 타면서 좋지 않은 맛을 낸다.

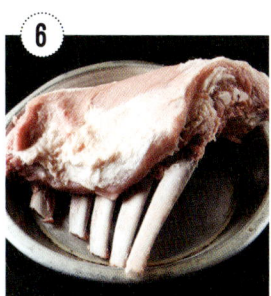

뼈를 깨끗이 긁어내면 구이용 갈비 손질이 완료된다.

돼지고기 부위 차트표

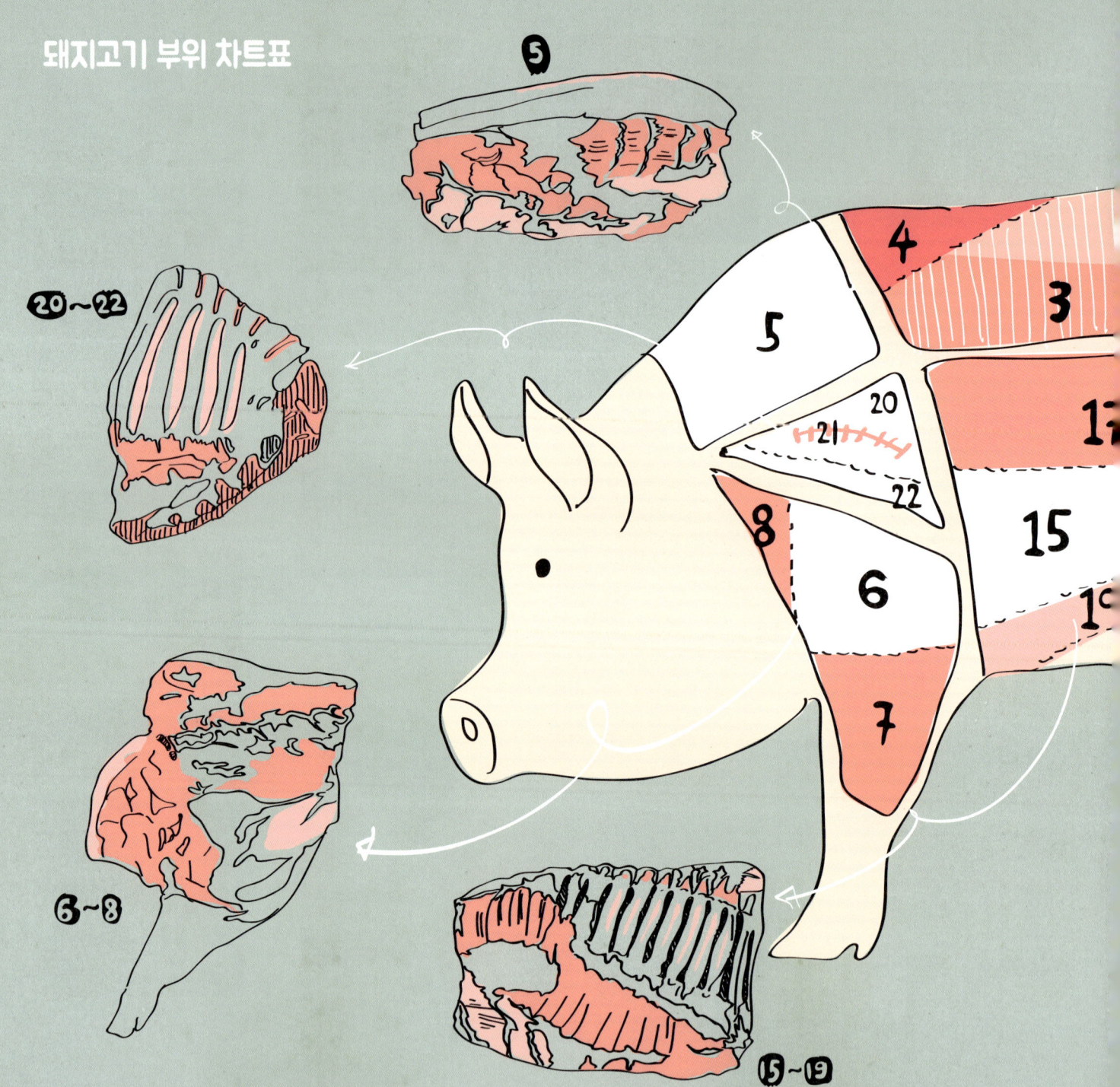

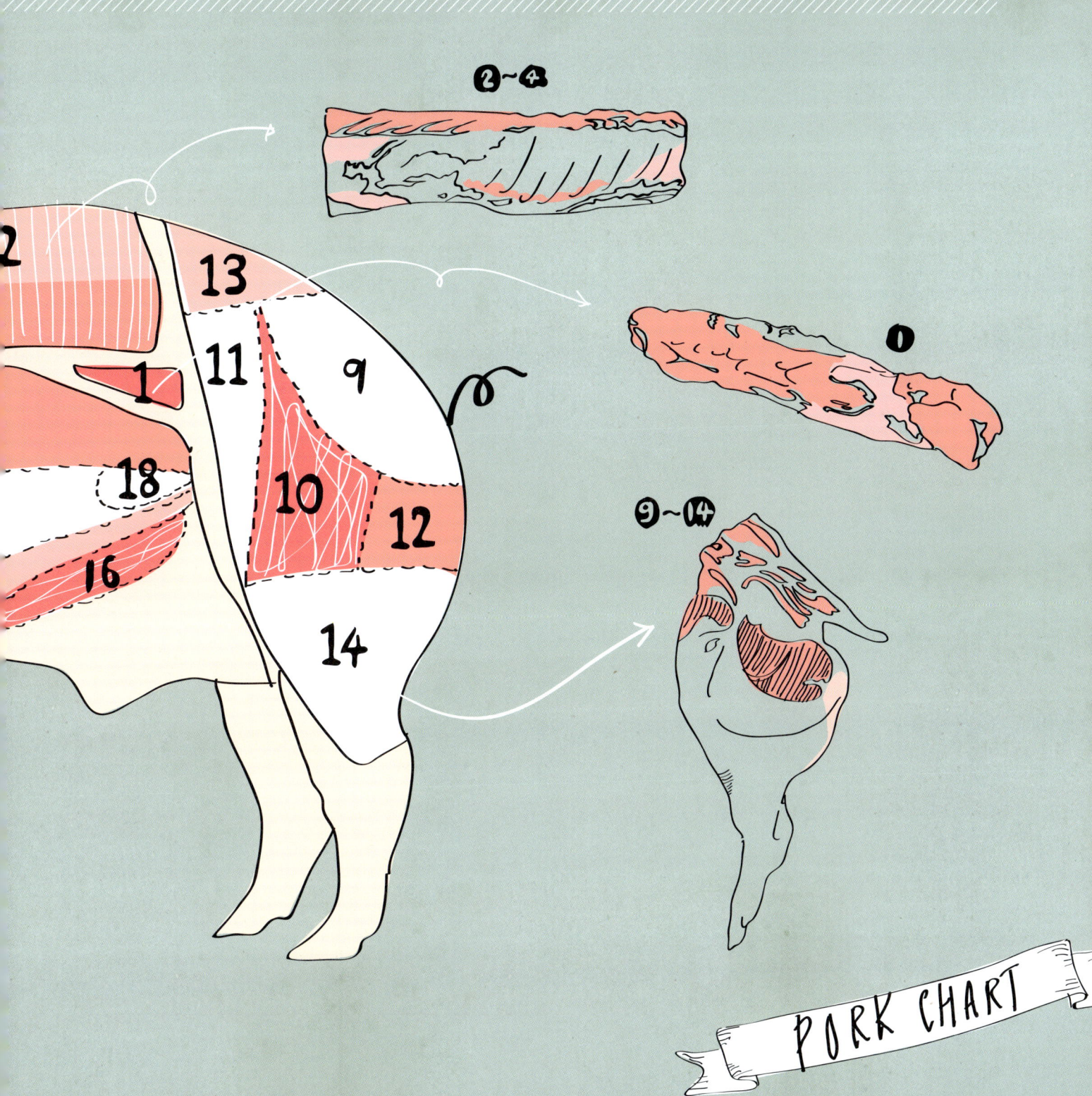

돼지고기 부위별 사용법

안심	안심살 ①	허리뼈 안쪽에 있는 단일 근육이다. 근육을 감싸고 있는 지방층이 없고, 근육 내에도 지방이 거의 없어 고단백질 부위에 해당된다. 돼지 한 마리당 약 1kg 생산된다. 근섬유의 방향이 일정해 돈가스, 탕수육, 꼬치구이 등 다양한 요리에 사용 가능하다.
등심	등심살 ②	등줄기를 따라 길게 형성되어 있는 등심 부위를 정형한 것이다. 운동량이 적은 근육들로 이루어져 있어 육질이 부드럽다. 돼지 한 마리당 약 6.6kg 생산된다.
등심	알등심살 ③	등심 부위 중앙에 위치한 부위만 분리하여 정형한 원통형의 부위이다. 근섬유 방향이 일정해 크기와 두께 조절이 용이하다. 주로 스테이크 재료로 많이 사용하거나 육가공 제품의 원료육으로 쓰인다.
등심	등심덧살 ④	등심 앞부분 위쪽 끝에 붙어 있는 부위를 정형한 것. '가브리살'이라고 불리기도 한다. 돼지 한 마리냥 약 450g 생산되며 양쪽 면에 지방층이 있어 식감이 부드럽다.
목심	목심살 ⑤	등심 부위와 머리 사이에 있는 부위이다. 운동량이 많아 고기의 결이 거친 편이다. 돼지 한 마리당 약 6.6kg 생산된다. 지방과 살코기의 비율이 적당해 구이로 많이 먹는다.
앞다리	앞다릿살 ⑥	앞다리 부위에서 앞사태살을 분리하고 남은 부위이다. 운동량이 많아 고기의 결이 거칠어 주로 햄이나 소시지 등의 육가공 제품의 원료육으로 사용된다. 돼지 한 마리당 약 8.4kg 생산된다.
앞다리	앞사태살 ⑦	앞다리 부위 중 가장 운동량이 많아 고기의 결이 거친 부위이다. 지방함량이 거의 없고 대부분 단백질로 구성되어 있다. 주로 장시간 삶는 조리법을 거치는 수육이나 장조림에 많이 사용한다.
앞다리	항정살 ⑧	머리와 목을 연결하는 돼지의 목덜미살. 돼지 한 마리당 약 600g 생산된다. 지방이 살코기 사이에 고루 함유되어 있어 부드러운 식감의 돼지고기를 맛볼 수 있다.
앞다리에 숨어있는 구이용 부위	부채살	앞다리 부위에서 등과 어깨 아래에 있다. 육색이 붉고 철 함량이 높다. 보수력이 좋아 가열 시 수분이 적게 빠지며, 육질이 연해 구이에 적합하다.
앞다리에 숨어있는 구이용 부위	주걱살	앞다리 부위에서 앞가슴 쪽에 있다. 지방 함량은 4.4%이다. 육질이 쫀득하고 육즙이 많아 구이용으로 적합하다.
앞다리에 숨어있는 구이용 부위	갈비덧살	앞다리 부위에서 등과 어깨에 걸쳐 있다. 지방 함량은 6.92%로 많은 편이다. 보수력이 좋아 수분이 적게 빠지고, 구웠을 때 풍미가 우수하다.
앞다리에 숨어있는 구이용 부위	꾸리살	앞다리 부위에서 등과 어깨 아래에 위치해있다. 육질이 연해 구웠을 때 부드럽고 풍미가 좋다.
뒷다리	볼기살 ⑨	돼지 뒷다리의 넓적다리 안쪽을 이루는 부위. 돼지가 앉을 때 바닥에 닿는 부위로 뒷다리의 힘을 받는 근육이라 육질이 질긴 편이다. 돼지 한 마리당 약 4.5kg 생산된다. 주로 육제품 원료육으로 사용된다.
뒷다리	설깃살 ⑩	뒷다리의 바깥쪽 넓적다리 부위. 돼지 한 마리당 약 4.6kg 생산된다. 근섬유가 굵어 육질이 질긴 편이다.
뒷다리	도가니살 ⑪	뒷다리의 무릎뼈와 넓적다리뼈를 감싸고 있는 부위를 분리하여 정형한 부위. 뒷다리 부위 중 지방 함량이 가장 적다. 돼지 한 마리당 약 2kg 생산된다. 지방 함량이 적어 국거리 용이나 찌개용으로 많이 사용한다.
뒷다리	홍두깨살 ⑫	뒷다리의 엉덩이 부분 안쪽에 있는 부위. 뒷다리 부위 중 지방 함량이 가장 높다. 돼지 한 마리당 약 1kg 생산된다. 뒷다리 중 유일하게 구이용으로 사용할 수 있는 부위이다.
뒷다리	보섭살 ⑬	돼지의 엉덩이 부위. 뒷다리 부위 중 운동량이 가장 적어 근섬유의 결이 부드럽다. 주로 장조림, 잡채 등에 많이 사용된다.
뒷다리	뒷사태살 ⑭	뒷다리 부위 중 가장 운동량이 많은 근육으로 이루어져 있어 돼지고기 전체 부위 중 육질이 가장 질기다. 돼지 한 마리당 약 2.3kg 생산된다. 질긴 식감 때문에 수육, 장조림, 다짐 육 등에 사용된다.
삼겹살	삼겹살 ⑮	근육과 근간지방이 세 개의 층을 이루고 있어 붙여진 이름이다. 돼지 한 마리당 약 12kg 생산된다. 지방과 살코기의 비율이 좋아 구이용으로 많이 사용할 뿐만 아니라 수육과 보쌈, 베이컨 등 다양하게 사용 가능하다.
삼겹살	갈매기살 ⑯	돼지고기 횡격막에 붙어있는 부위. 횡격막을 우리말로 '가로막'이라 불러 갈매기살이라 불리게 되었다. 돼지 한 마리당 300~400g 생산되어 희소가치가 높다. 주로 구이용으로 사용한다.
삼겹살	등갈비살 ⑰	갈비뼈와 등심의 일부가 포함된 부위. 갈비살, 갈비뼈, 등심의 맛이 혼합되어 독특한 맛을 이룬다. 돼지 한 마리당 약 1.2kg 생산된다. 주로 양념을 발라 구이용이나 찜으로 사용한다.
삼겹살	토시살 ⑱	갈비뼈 안쪽에 있는 가슴뼈에 위치한 부위. 근섬유가 굵어 고기의 육질이 질기다. 돼지 한 마리당 약 80g 생산되며 양이 너무 적어 갈매기살과 함께 사용한다.
삼겹살	오돌삼겹살 ⑲	중앙에 연골을 포함하고 있는 삼겹살 부위. 돼지 한 마리당 약 800g 생산된다. 연골인 오돌뼈가 살코기와 함께 씹힐 때 나오는 연골 즙이 육즙과 어우러지며 독특한 맛을 낸다. 주로 구이용으로 많이 사용한다.
갈비	갈비 ⑳	제 1갈비뼈에서 제 4 또는 제 5갈비뼈 부위를 정형한 것. 다소 질긴 근막으로 둘러싸여 있지만 근막을 제거하면 부드러운 식감을 느낄 수 있다.
갈비	갈비살 ㉑	갈비 부위에서 뼈를 제거한 것. 살코기와 지방이 층을 이루고 있어 부드러운 식감을 낸다. 주로 구이, 찜으로 많이 사용한다.
갈비	마구리 ㉒	갈비 부위에서 갈비살을 제거한 뒤 남은 것. 대부분 연골과 뼈로 구성되어 있어 주로 육수용으로 많이 사용한다.

레시피 기본 작성법
: STANDARD RECIPE

레시피. 단순할 수도, 매우 복잡할 수도 있다. 흔히 우리가 생각하는 레시피는 요리를 만드는 방법을 설명해놓은 글 정도일 것이다. 요리 이름과 요리에 들어가는 재료, 분량, 만드는 순서만 있어도 레시피라 할 수 있지만 레스토랑에서 사용하는 레시피는 꽤 많은 내용을 담고 있다. 다양한 내용이 들어가지만 같은 요리를 만드는 누가 보더라도 이해할 수 있게 정리가 되어야 커뮤니케이션에 문제가 발생하지 않는다. 물론 모든 레스토랑이 이와 같이 레시피를 작성하는 것은 아니지만 이에 버금가는 내용이 레시피에 들어가기 때문에 정말 중요한 글임에는 틀림없다.

레시피의 기본 구성 요소

재료 Ingredients
요리에 필요한 재료 목록

양 Amount
요리에 필요한 재료의 양

온도 Temperature
오븐이나 미리 가열해 놓아야 하는
튀김 기름 등이 필요한 조리법에 기재

장비 및 기구 Equipments & Utensils
조리에 필요한 장비와 도구 기재

방법 Method
순서에 따른 만드는 방법 기재

+ 추가 요소

사진 Image
완성된 요리의 색이나 담음새를 위한 예시 사진

맛 Taste
요리의 맛이나 온도, 간에 대한 자세한 설명

주의사항 Precaution
각 조리법마다 각별히 주의해야 할 점을 설명

팁과 조언 Tip & Advice
준비하는 과정에 도움이 되는 방법 설명

대안 Alternatives
제시한 요리방법을 사용할 수 없거나
구할 수 없는 재료에 대한 다른 방안을 제안

DISH (1인분)

코코넛 퓌레를 곁들인 송어요리 Poached trout with coconut puree

Image	Ingredients	Amount
	송어	100g
	연어알	10g
	풋마늘	15g
	다진 셜롯	1Ts
	버터	2g
	치킨스톡	2Ts
	소금	약간
	For coconut puree	
	코코넛밀크	100g
	한천	1g
	For saffron foam	
	치킨스톡	150ml
	사프란	1g
	레시틴	1/2ts
	소금	약간
	For spicy salt	
	커민 가루	20g
	코리앤더 씨	40g
	소금	20g
	설탕	12g
	For garnish	
	무피클	약간
	튀긴 파슬리	약간

Equipments & Utensils

진공팩, 소스팬, 믹서, 핸드블렌더

Method	Tip
Coconut puree 1. 코코넛 밀크와 한천을 끓여 80℃까지만 끓인 뒤 식힌다. 2. 완전히 식어 젤리처럼 굳으면 믹서에 곱게 갈아 체에 거른다. **Saffron foam** 1. 치킨스톡에 사프란을 넣어 끓이다 소금을 넣어 간을 맞춘 뒤 체에 걸러 식힌다. 2. 식은 치킨스톡에 레시틴을 넣고 핸드블렌더로 거품을 내 사프란폼을 만든다. **Spicy salt** 1. 커민 가루, 코리앤더 씨, 소금, 설탕을 모두 블렌더에 넣고 곱게 간다. 1. 송어는 배를 갈라 내장을 제거한 다음 껍질을 벗겨 살만 바른 뒤 진공팩에 넣는다. 2. 60℃ 정도의 끓지 않은 물에 송어를 넣어 익힌다. 완전히 익은 송어는 한입 크기로 큼직하게 뜯는다. 3. 팬에 버터와 다진 셜롯을 넣어 볶다가 풋마늘을 큼직하게 썰어 넣어 볶는다. 치킨스톡을 넣어 부드럽게 익힌다. **담기** 1. 접시에 코코넛퓌레를 담은 뒤 튀긴 파슬리를 잘게 부숴 올린다. 2. 풋마늘, 송어, 연어알, 무피클을 가지런히 담는다. 3. 스파이시 솔트를 곁들이고 마지막으로 사프란폼을 얹는다.	사프란폼은 서빙 직전 거품을 낸다.

*설명을 위한 요리는 류태환 셰프의 Poached Trout

레시피 속 모든 단위
: MEASURING CHART & RECIPE

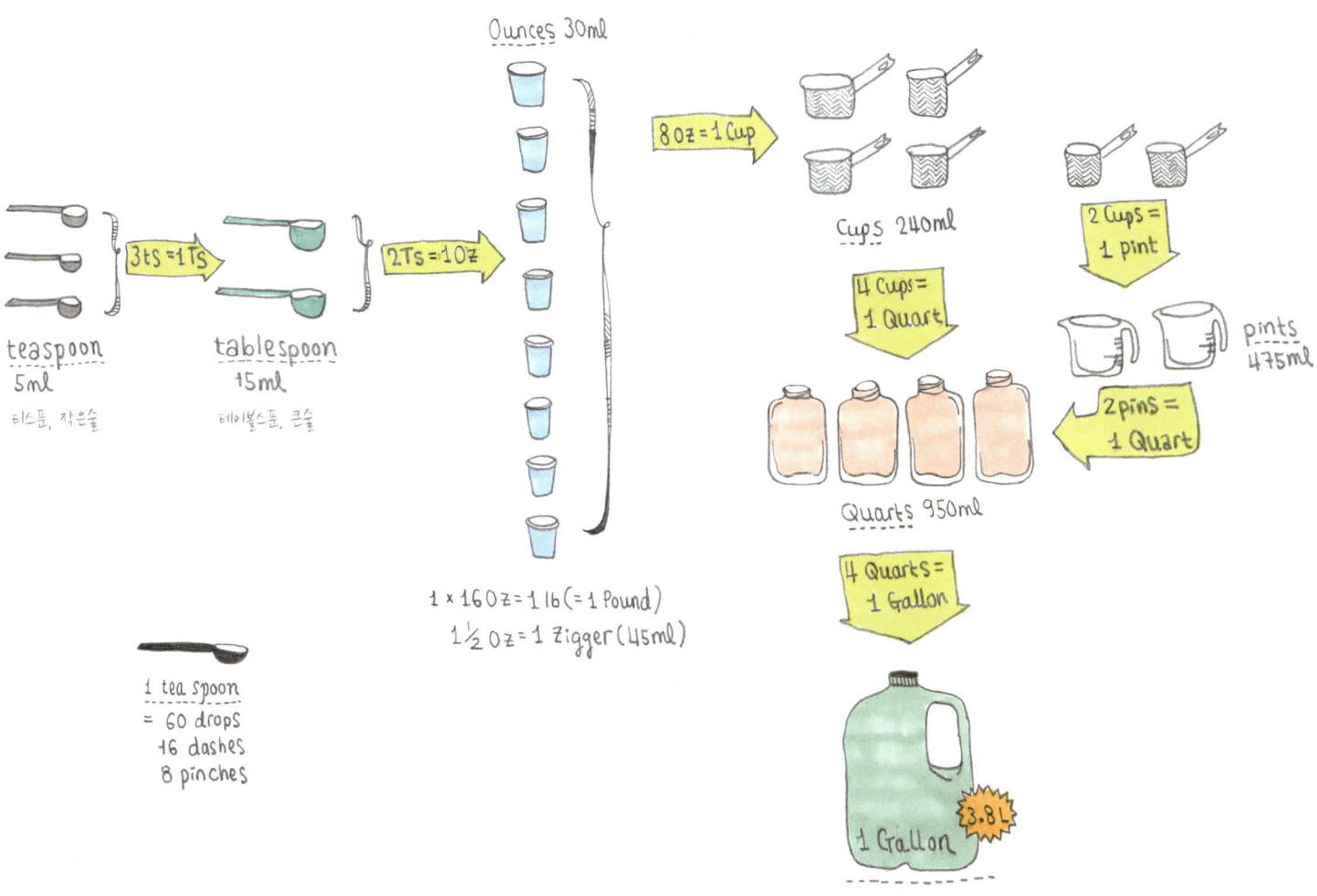

마리아주
: MARIAGE

음식과 술은 서로에게 중요한 존재다. 와인과 음식의 어우러짐은 결혼이라는 뜻의 단어 '마리아주'라고 표현하기도 한다. 이 둘은 상대의 장점을 돋보이게 하고 한쪽만 맛볼 때보다 훨씬 훌륭한 맛을 느낄 수 있다. 음식과 와인을 조합할 때 참고할 만할 가장 기본적이고 쉬운 원칙을 소개한다. 하지만 입맛과 취향이 각자 다르기 때문에 원칙을 꼭 따라야 하는 것은 아니다. 독창적인 시도로 마리아주의 새로운 즐거움을 찾아보자.

색으로 하는 마리아주

비슷한 색의 음식과 와인을 고른다. 가장 쉽고 실패 확률이 적은 방법이다.
화이트 와인 : 흰 살 생선, 해산물, 가금류(닭고기, 칠면조, 토끼 등)
레드 와인 : 붉은 살코기, 양고기, 레드 와인 베이스의 소스를 곁들인 요리
로제 와인 : 돼지고기, 바비큐, 연어 스테이크 등

특성을 기준으로 하는 마리아주

맛과 특징이 서로 비슷한 와인과 음식을 선택하는 방법도 있다. 기름진 음식에는 크리미한 와인을, 달지 않은 음식에는 드라이한 와인을, 간간한 음식에는 짭짤한 느낌이 나는 와인을 선택한다. 맛이 풍부한 음식에는 강한 맛이 나는 와인, 섬세한 음식에는 라이트바디 와인이 대체적으로 잘 어울린다. 그리고 고급 와인이 들어가는 요리에는 사용한 와인을 함께 마시는 것도 좋고, 같은 지방 또는 같은 품종의 와인을 선택하는 것도 좋다.

> **TIP**
> 가벼운 레드 와인은 해산물과 어울릴 수 있으나 타닌이 강한 레드 와인은 생선이나 조개, 갑각류와 함께 먹는 것은 피하는 것이 좋다. 또한 드라이한 와인과 달콤한 디저트는 일반적으로 어울리지 않는다.

맥주&음식 페어링 기본
BEER & FOOD PAIRING

Beer Type	Food Pairing
Pale Ale 페일 에일	대부분의 요리와 잘 어울린다. 특히 고기와 빵, 채소 등이 고루 들어간 버거와 최고의 궁합을 보인다.
India Pale Ale 인디아 페일 에일	스파이시한 요리, 특히 카레와 잘 어울린다. 달콤하고 묵직한 케이크도 추천!
Brown Ale 브라운 에일	돼지고기구이, 소시지, 훈제 연어 등 푸근한 요리와 곁들여보자.
Porter 포터	굽거나 훈제한 고기 요리가 좋다. 바비큐를 먹을 때 꼭 준비할 것.
Dry Stout 드라이 스타우트	기름진 음식이나 스테이크와 무난하게 마실 수 있다. 가장 클래식한 조합은 생굴과 함께 먹는 것.
Imperial Stout 임페리얼 스타우트	대부분의 메인 요리와 잘 어울린다. 하지만 정석은 푸아그라나 훈제한 거위 요리와 먹는 것.
Hefeweizen 헤페바이젠	샐러드와 생선 요리, 생으로 먹는 해산물은 모두 잘 어울린다. 염소젖 치즈도 추천.
American Wheat Ale 아메리칸 위트 에일	샐러드, 회, 채소 요리 등 산뜻한 요리와 마셔보자.
Classic Pilsener 클래식 필스너	치킨이나 생선구이와 어울린다. 소시지구이 역시 좋다.
Amber Lager 엠버 라거	바비큐, 햄버거, 칠리 등 푸짐하고 진한 맛의 요리와 어울린다.

머랭
: MERINGUE

달걀흰자를 열심히 저으면 찐득찐득하면서 주르륵 흐르다 어느새 눈처럼 희고 부드러운 덩어리로 만들어진다.
요리에 매우 유용하게 쓰이며, 특히 달콤하고 부드러운 디저트에 있어서 중요한 존재다. 마카롱이나 케이크 등에 넣기도 하고, 그대로 굽기도 한다. 머랭 거품은 모양을 지탱할 만큼 충분히 뻣뻣해야 하고 안정적이어야 한다. 적당량의 설탕을 첨가하거나 열을 가하는 방법, 혹은 두 가지를 동시에 사용해 만든다.

이탈리안 머랭 Italian Meringue

이탈리안 머랭은 안정성이 가장 좋은 머랭으로, 잘 만들어진 것은 표면이 반짝반짝거린다. 달걀흰자에 막 끓여낸 뜨거운 시럽을 넣으면서 거품을 내는데, 주의해야 할 점은 빠르게 거품을 치면서 중간에 시럽을 넣어야 한다는 것이다. 거품기가 멈추어 있는 상태라면 뜨거운 시럽에 닿은 달걀이 바로 익어버린다. 이탈리안 머랭은 머랭 자체를 먹을 때에도 자주 쓰인다.

프렌치 머랭 French Meringue

프렌치 머랭은 차가운 달걀흰자에 설탕을 넣어가며 거품을 낸 것으로 가장 쉽게 만들 수 있는 일반적인 방법이다. 달걀흰자에 열을 가하지 않았기 때문에 프렌치 머랭은 사용 시 가열이 필요하다. 주로 비스퀴나 제누아즈, 스펀지케이크, 시폰케이크 등의 경우 유의할 점은 안정성이 낮기 때문에 거품을 낸 뒤 바로 사용해야 한다. 직접 머랭을 먹는 쿠키 등의 디저트를 만들 때에는 설탕량을 적게 하면서도 촘촘한 거품을 내기 위해 신경 써야 한다. 거품기가 돌아가는 속도가 너무 빠르거나 힘이 강하게 가해지면 거품의 크기가 일정하지 않고 오버되어 덩어리지는 경우가 있다.

스위스 머랭 Swiss Meringue

스위스 머랭은 중탕으로 달걀흰자에 열을 가해 설탕을 녹여 만든다. 설탕이 전부 녹아 달걀흰자가 주르륵 흐르는 정도가 되면 거품을 내기 시작한다. 처음에는 빠른 속도로 돌리다가 어느 정도 거품이 올라오면 중간 속도로 내려서 거품을 올린다. 열을 가한 머랭이기 때문에 그대로 먹을 수 있는 용도로 사용한다. 케이크 아이싱용으로 버터크림을 섞어 가장 많이 사용한다. 구웠을 때의 식감 역시 좋아 직접 먹는 디저트로도 좋다.

모체 소스
: MOTHER SAUCE

현대 프랑스 요리의 아버지라 일컬어지는 오귀스트 에스코피에 Auguste Escoffier가 19세기에 양식의 다섯 가지 모체 소스를 체계화했고, 지금 까지도 그의 방식을 따르고 있다.

브라운소스 Brown Sauce
진하게 뽑은 브라운스톡 Brown Stock을 베이스로 만들어 고기 맛을 진하게 느낄 수 있는 브라운소스는 정통 프랑스 요리의 기본이다. 대표적인 브라운소스인 에스파뇰소스의 가장 기본이 되는 재료는 브라운스톡, 미르포아 Mire-poix, 토마토퓌레다. 재료만 보면 아주 간단해 보이지만 이 소스를 만들기 위해 적게는 하루, 많게는 3박 4일 이상의 시간이 소요된다. 예전에는 에스파뇰소스를 만들기 위한 브라운스톡을 송아지뼈로 끓였지만 요즘은 일반 소뼈를 사용한다. 깨끗이 손질된 소뼈를 오븐에 넣고 갈색으로 구워 미르포아, 토마토페이스트, 부케가르니 Bouquet Garni와 함께 끓인다. 미르포아는 양파, 당근, 셀러리가 주인 향신 채소의 조합을 말한다. 부케가르니는 타임, 파슬리 줄기, 월계수잎, 파, 셀러리 등을 묶은 것이다. 육수를 끓이는 동안 온도 조절, 불순물 제거 등 주위에 머물며 계속 지켜봐야 한다. 모든 재료를 넣고 센 불에서 끓기 시작하면 온도를 낮춰서 아주 약한 불에서 끓여야 쇠고기의 깊은 맛을 우려낼 수 있다. 육수가 끓으면서 뜨는 불순물은 바로 건져내야 국물에서 잡내가 나지 않고 깔끔하다. 이렇게 만든 브라운스톡과 미르포아, 토마토퓌레와 소스를 걸쭉하게 만든 루 Roux를 더해 농도와 맛을 더한다. 우리가 흔히 알고 있는 양식의 브라운소스는 데미글라스 Demi-glace다. 이 역시 에스파뇰소스로부터 파생된 것이다. 에스파뇰소스와 브라운스톡을 동량 섞어 양이 반으로 될 때까지 졸여 만든다.

베샤멜소스 Bechamel Sauce
베샤멜소스는 연한 노란색을 띤 흰색이고 진득하고 벨벳처럼 부드러운 질감이다. 베샤멜소스는 프랑스 루이 14세 시절 '루이 베샤멜' 후작의 이름에서 따온 소스라고 알려져 있다. 프랑스 학자 라루스 Larousse의 말에 따르면 이전에 만들어진 비슷한 형태의 벨루테소스의 변형이라고 한다. 실제로 초기의 베샤멜소스는 루에 송아지 육수를 더해 만든 벨루테에 크림을 넉넉히 넣어 만들었다고. 지금은 많은 요리사들이 에스코피에의 방법을 따르고 있는데, 그의 제자인 솔니에르 Saulnier는 자신의 책에 "화이트 루에 우유를 넣어 촉촉하게 만든 뒤 소금과 양파스톡, 정향을 넣어 20분간 끓인다"라고 소개했다. 베샤멜소스는 버터와 동량의 밀가루를 함께 볶아 루를 만들고 데운 우유를 넣어 풀어서 만드는 것이 클래식한 방법이다. 우유를 끓일 때 넛맥이나 월계수잎, 정향, 양파 등을 넣어 향을 더하기도 한다. 여기에 소금과 흰 후춧가루를 넣어 간을 한다. 버터 1큰술과 밀가루 1큰술에 우유 1컵을 넣어 만드는 것이 가장 일반적인 농도의 베샤멜소스다. 버터와 밀가루의 양을 2배로 하면 소스가 더 진득해져 크림크로켓의 속을 만들 때 사용한다. 버터와 밀가루의 양을 3배로 늘리면 수플레의 베이스로 쓸 수 있을 정도로 되직한 소스가 된다. 이렇게 만들어진 베샤멜소스는 다양한 요리에 사용된다.

벨루테소스 Veloute Sauce
벨루테는 프랑스어로 벨벳 Velvet을 뜻하는 벨루어 Velour에서 파생된 단어다. 이름의 뜻처럼 제대로 만들어진 벨루테소스의 질감은 벨벳처럼 부드러워야 한다. 보통 가금류나 생선 요리의 소스로 사용되기도 하고, 벨루테소스 그대로 수프로 먹기도 한다. 벨루테소스는 빌스톡 Veal Stock이나 생선육수, 닭육수 등 어떤 육수를 넣어 만들어도 무관하지만 육수에 각각의 벨루테를 기본으로 파생되는 소스가 나눠진다. 만드는 방법은 두꺼운 냄비에 버터를 넣고 중불에서 서서히 녹인 다음 밀가루를 재빨리 넣어 타지 않도록 나무주걱으로 휘젓는다. 이때 냄비의 구석구석까지 휘저어 조금이라도 눌지 않도록 한다. 준비한 루에 뜨거운 화이트 스톡을 나눠 붓고 나무주걱이나 거품기를 이용해 빠른 속도로 잘 섞이도록 휘저어준다. 냄비를 다시 약한 불에 올리고 계속 저으면서 약간 더 끓인다. 불에서 내려놓고 소금과 흰 후춧가루를 넣어 간을 맞춘 다음 버터나 크림, 달걀노른자 등을 넣어 맛을 돋운다. 벨루테소스를 만들 때에는 자연스러운 육수 향이 깃들게 해야 하고, 색은 밝은 상아색을 유지하며, 맛이 깊어야 한다.

토마토소스 Tomato Sauce

에스코피에는 토마토소스를 다섯 가지 모체 소스 중 하나로 정의했고 이를 바탕으로 만들 수 있는 다양한 파생 소스를 소개했다. 파생 소스들은 모체 소스인 토마토소스와 크게 다르지는 않지만 각각 특별한 재료를 추가하고 레시피가 토마토소스에 비해 복잡한 것이 특징이다. 토마토소스는 세계 여러 나라에서 요리되고 있으며 나라마다 특징을 가지고 있다. 프랑스의 경우 토마토소스를 만들 때 루를 넣어 농도를 조절하는 편이지만 토마토소스를 파스타와 피자 요리에 주로 사용하는 이탈리아에서는 루 없이 토마토만으로 농도를 조절한다. 뉴질랜드와 호주, 남아프리카공화국에서는 토마토소스의 생김새가 토마토케첩과 비슷하고, 멕시코에서는 매콤한 토마토소스인 살사소스를 주로 이용하며 이를 가지고 타코나 퀘사디아를 만든다. 토마토소스는 대중적으로 널리 알려진 소스라 만드는 방법 또한 다양하다. 껍질을 벗긴 생토마토를 쓰거나 통조림 토마토를 쓰기도 하고, 토마토퓌레나 토마토페이스트를 이용해 만들기도 한다. 기본적으로 양파와 마늘을 넣지만 셀러리, 당근, 월계수잎, 바질, 베이컨, 육수 등을 더할 때도 있다. 앞에서도 말했듯이 토마토소스의 농도를 조절하기 위해 루를 넣기도 하는 등 수많은 조리법이 존재한다. 한 가지 팁을 더하면 토마토는 통조림을 쓰거나 통조림과 생토마토를 섞어 쓰는 것이 좋다. 국산 토마토는 씨가 많고 수분이 많아 국산 토마토만으로는 맛있는 토마토소스를 만들기가 쉽지 않기 때문이다.

홀랜다이즈소스 Hollandaise Sauce

홀랜다이즈소스는 버터를 베이스로 한다. 부드럽고 고소하며 풍부한 맛을 지닌 밝은 노란색의 크리미한 소스다. 홀랜다이즈 소스에 들어가는 재료 중에 눈여겨봐야 할 것이 두 가지 있다. 바로 정제버터와 조린 화이트 와인 비네거다. 홀랜다이즈소스에는 정제버터를 주로 사용한다. 일반 버터는 유지방과 수분, 우유 고형분으로 구성되어 있는데 여기서 유지방만 추출한 것이 정제버터다. 일반 버터를 중탕해 녹이면 세 개의 층으로 분리되는데 가장 윗부분의 하얀 거품은 카제인, 가장 아랫부분은 우유 고형분인 유당, 가운데 맑고 투명한 액체가 바로 정제버터다. 숟가락으로 카제인을 떠내고 정제버터 부분만 조심스럽게 따라내 쓰면 된다. 그리고 화이트 와인에 잘게 썬 양파와 통후추 등을 넣고 약한 불에 바짝 조린 것을 준비한다. 기호나 방법에 따라 설롯이나 향신 채소를 넣고 조리기도 한다. 조린 화이트 와인 비네거의 산성 성분은 달걀노른자의 단백질과 만나 유화작용을 돕는다. 홀랜다이즈소스는 달걀노른자에 조린 화이트 와인 비네거를 넣고 섞은 뒤 정제버터를 조금씩 넣어가며 거품기로 계속 저어주면 완성된다. 온도에 매우 민감하기 때문에 온도 유지에 신경을 써야 한다. 볼에 재료들을 넣고 섞을 때 보통 시머링 하고 있는 물 위에 볼을 올려 약 60℃ 정도의 온도를 유지하는 것이 가장 좋다. 이때 온도가 높으면 달걀노른자가 익어버리고 온도가 낮으면 버터가 굳어 분리되면서 소스가 만들어지지 않는다. 따뜻하게 먹는 소스로 장시간 보관이 힘들어 필요한 만큼 만들어 먹는 것이 가장 좋다.

미장 플라스(중식)
: MISE EN PLACE

프렌치 레스토랑에선 제때에 맞춰 코스요리가 서빙되고, 중식당에선 다양한 종류의 요리가 주문과 동시에 10분 안에 만들어진다. 이탈리안 전문점에선 색색의 파스타가 접시에 담기고, 한식당에선 입이 딱 벌어질 정도로 많은 반찬을 차려낸다. 이 모든 행위는 요리를 하기 위한 재료들이 영업이 시작되기 전 제자리에 준비되어 있다는 가정하에 가능한 것이다.

미장 플라스는 프랑스어로 '모든 것을 제자리에 놓다'라는 뜻이다. 레스토랑에서는 고객에게 식사를 제공하기 위해 완벽히 사전 준비를 하는 의미로 사용된다.

중식 레스토랑의 준비 과정을 참고로 미장 플라스를 이해해보자.

by 밀레니엄 힐튼 중식당 타이판

중식당에서는 여러 요리에 공통으로 쓰이는 재료나 소스가 많다. 마늘, 파, 생강, 물전분 등은 대부분의 중식요리에 들어가기 때문에 미리 준비해놓아야 한다. 또 중식을 대표하는 조리 도구인 웍과 칼은 꾸준히 손질해두어야 문제없이 요리할 수 있다.

주방에 나오자마자 가장 먼저 하는 일은 닭고기육수를 끓이는 것이다. 중식요리는 기본적으로 닭고기육수를 쓴다. 닭고기육수는 오랜 시간 끓여야 제대로 된 육수를 얻을 수 있기 때문에 일찍부터 준비해야 한다. 웍은 중식요리에 꼭 필요한 조리 도구이기 때문에 매일 아침 깨끗이 씻고 기름칠해 관리한다. 아침에 들어온 식재료 중에서는 해물류를 먼저 손질해 냉장 보관한다. 채소도 손질해 보관하는데 특히 가장 많이 쓰는 향미 채소인 마늘, 파, 생강은 바로 쓸 수 있도록 준비해둔다. 그리고 중식에서 많이 쓰는 각종 기름 및 소스를 화구 주변에 부족하지 않게 준비해놓는다. 물과 전분을 1:1로 섞어 만든 물전분도 바로 사용할 수 있게 화구 주변에 둔다. 재료 준비가 끝나면 밀가루 반죽을 만들어 면을 뽑는다.

1 웍은 중식요리에 꼭 필요한 조리 도구이기 때문에 매일 아침 깨끗이 씻고 기름칠해 관리한다.
2 전가복에 들어갈 재료들을 미장 플라스 했다. 재료를 조리하기 직전의 상태로 손질해놓는 것이 바로 미장 플라스다.
3 주방에서 칼은 전쟁터의 총과 같다고 한다. 그만큼 중요한 조리 도구이기 때문에 매일 꾸준히 관리해주어야 한다.
4 중식당에서 많이 쓰는 재료인 물전분이나 여러 가지 소스들은 부족하지 않게 미리미리 준비해놓고 조리대 바로 옆에 둔다.

베샤멜소스 응용
: BECHAMEL SAUCE

베샤멜소스는 버터와 밀가루를 볶아 루를 만든 뒤 우유를 넣고 부드럽게 풀어 버터의 풍미와 우유의 고소한 맛, 볶은 밀가루 향이 어우러진 걸쭉하고 부드러운 소스다. 베샤멜소스를 기본으로 다양한 소스를 만들 수 있다.

낭투아소스 Nantua Sauce
프랑스 낭투아 지방에서 만들어진 소스로 갑각류 특유의 향이 대부분의 해산물 요리와 잘 어울린다. 클래식한 해산물 소스로 갑각류의 한 종류인 그레이피시로 만든 크레이피시버터와 베샤멜소스를 섞어 만든다. 크레이피시와 버터를 동량으로 함께 끓여 차게 식히면 크레이피시버터를 만들 수 있는데 요리사에 따라 양파, 셀러리, 당근, 토마토페이스트 등을 넣기도 하고, 구하기 어려운 크레이피시 대신 새우나 로브스터 등으로 대체하기도 한다.

모르네이소스 Mornay Sauce
모르네이소스는 베샤멜소스에 그뤼에르치즈와 파르메산치즈를 반씩 섞어 넣어 만든다. 채소나 해산물 요리에 대부분 잘 어울리는데, 특히 유명한 조합은 전통적인 핫브라운샌드위치Hot brown sandwich다. 이 샌드위치는 1900년대 초 미국 켄터키의 브라운호텔에서 처음 만들었는데 빵 위에 터키햄, 베이컨 등을 올리고 모르네이소스로 완전히 덮은 뒤 빵은 바삭하고 소스는 갈색이 될 정도로 구워낸다.

수비즈소스 Soubise Sauce
수비즈소스는 양파가 주재료다. 수비즈의 왕자인 프랑스 총사령관 샤를 드 로한Charles de Rohan을 위해 만들어진 소스로 알려져 있다. 처음 만들 당시에는 양파 외에 야생고기, 가금류, 다양한 채소 등 복잡한 재료를 넣어 만들었으나 근래 들어서는 양파만 넣어 간단하게 만든다. 양파를 잘게 다져 볶거나 크림과 함께 수분이 없도록 부드럽게 끓인 뒤 곱게 갈아 베샤멜소스와 섞어 만든다. 채소를 데치거나 구운 요리와 달걀 요리, 특히 닭 요리와 잘 어울린다.

체다치즈소스 Cheddar Cheese Sauce

베샤멜소스에 체다치즈와 겨자가루, 우스터소스를 넣어 만든다. 베샤멜소스에 치즈를 넣으면 감칠맛을 쉽게 낼 수 있어 단골 재료로 쓰인다. 체다치즈소스는 데치거나 구운 채소에 곁들이거나 파스타소스로 사용한다. 마카로니를 체다치즈소스에 버무려 오븐에 구운 맥앤치즈가 가장 유명하다.

머스터드소스 Mustard Sauce

베샤멜소스에 디종머스터드를 넣어 만든다. 생선 요리에 두루 잘 어울리고, 특히 고기를 덩어리째 절인 뒤 요리한 햄과 잘 어울린다. 디종머스터드는 프랑스 중동부에 위치한 부르고뉴의 디종 지방에서 처음 만들어졌는데 껍질을 벗기고 곱게 갈아 와인, 소금, 식초 등을 넣어 만들어 톡 쏘는 맛이 난다.

크림소스 Cream Sauce

베샤멜소스에 크림을 더해 만든다. 우유로 만든 크림은 지방 함량에 따라 분류되는데 크림소스에는 지방 함량이 36% 이상인 헤비크림을 넣어야 크림 특유의 진하면서도 풍부한 맛을 낼 수 있다. 국내에선 일반적으로 지방 함량이 30~35% 정도인 휘핑용 크림이 가장 흔하게 쓰인다. 기본 베샤멜소스보다 부드러운 맛이 특징이고 닭고기, 생선, 달걀, 채소 요리에 다양하게 곁들인다. 때에 따라 달걀노른자를 넣거나 레몬을 넣기도 한다.

그 외

그 외에 타라곤을 넣어 만든 보헤미안소스 Bohemienne Sauce는 차가운 생선 요리나 포치 Poach한 연어에 차게 곁들이면 잘 어울리고, 송로버섯과 랍스터를 넣은 카디널소스 Cardinal Sauce는 갑각류, 생선, 송로버섯이 주인공인 요리에 곁들이면 좋다. 또 달걀과 넛맥을 넣어 달콤하게 만든 소스 아 랑글레즈 Sauce a l'anglaise는 디저트용 소스로 사용하기도 한다.

벨루테소스 응용
: VELOUTE SAUCE

기본적으로 벨루테소스를 만들 때에는 버터와 밀가루로 만든 루와 화이트 스톡이 필요하다. 화이트 스톡 재료로는 소뼈, 닭, 생선 등을 사용하는데 각각 재료에 따라 비프 벨루테, 치킨 벨루테, 피시 벨루테라는 기본 소스가 만들어진다. 기본 벨루테소스를 베이스로 알망드소스Allemande Sauce, 슈프림소스Supreme Sauce, 화이트 와인소스White wine Sauce를 만든다. 세 가지로 분류된 소스는 각자 모체 소스로서 역할을 해 또 새로운 파생 소스를 만들어내고 광범위한 소스군을 형성한다. 파생 소스는 사용한 스톡의 주재료와 같이 조리했을 때 소스의 특징이 살아나며 요리와 잘 어울려 좋은 맛을 낸다.

알망드소스 Allemande Sauce
소뼈를 끓여 만든 비프 스톡과 비프 벨루테, 생크림, 달걀노른자 등을 넣어 만든 소스로 주로 송아지고기 요리에 많이 사용된다. 알망드소스를 모체로 파생된 소스는 버섯소스Mushroom Sauce, 홀스래디시소스Horseradish Sauce, 빌레루아소스Villeroi Sauce 등이 있다.

슈프림소스 Supreme Sauce
가금류를 넣어 진하게 맛을 낸 스톡과 치킨 벨루테, 생크림을 넣고 끓여 만든 소스로 벨루테 소스에서 가장 많이 사용된다. 슈프림소스를 모체로 파생된 소스는 헝가리안소스Hungarian Sauce, 알브페라소스Albufera Sauce, 오로라소스Aurora Sauce 등이 있다.

화이트 와인소스 White Wine Sauce
생선뼈를 넣어 만든 피시 스톡과 피시 벨루테, 화이트 와인, 생크림, 파슬리 등을 넣어 만든다. 주로 생선 요리에 전반적으로 사용한다. 화이트 와인 소스를 모체로 파생된 소스는 낭투아소스Nantua Sauce, 노르망디소스Normandy Sauce, 베르시소스Bercy Sauce 등이 있다.

버섯소스
프랑스에서는 '샤슈르'라고 칭하며 햄버거에 곁들이는 흔한 소스로 두루 사용한다. 원래는 사냥을 한 야금류 요리에 곁들이는 최고급 소스였다.

홀스래디시소스
홀스래디시는 풍미가 강하고 매워 껍질을 벗겨 식초와 우유를 섞은 후 갈아놓은 것을 사용한다. 소스는 육수에 부드럽게 익힌 육류, 생선에 이용된다.

빌레루아소스
알망드소스에 햄 삶은 물, 송로버섯, 송로버섯 에센스 등의 재료를 넣은 다음 끓여서 만든다. 빵가루를 묻혀 튀긴 고기 요리에 주로 쓰인다.

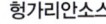

헝가리안소스
헝가리에서 많이 재배되는 파프리카를 넣어 만드는 것이 특징이다. 소스 색은 핑크빛으로 육류 중 흰색을 띠는 닭고기, 돼지고기 요리와 잘 어울린다.

알브페라소스
슈프림소스에 브라운소스를 첨가해 풍미를 더하며 더욱 진하게 만든 소스다. 일반적으로 닭이나 육류의 흉선 부위 요리에 사용한다.

오로라소스
슈프림소스에 토마토 퓌레를 더해 핑크색을 띠는 소스다. 토마토 색이나 향이 너무 강하지 않도록 주의해야 한다. 부드럽게 삶은 닭 요리에 주로 사용한다.

노르망디소스
화이트 와인 소스에 생크림과 달걀노른자로 농도를 맞춰 소스를 만든 다음 해산물을 익혀 접시에 담아 살라만더로 색을 내는 데 주로 사용한다. 소스의 용도는 다양하며 치즈를 뿌려 풍부한 맛과 색을 내기도 한다.

베르시소스
파리 동쪽 지역의 이름에서 따온 베르시 소스는 다진 양파를 버터에 색이 나지 않게 볶은 후 다진 파슬리를 가미해 만든다. 튀기거나 삶은 광어, 넙치 요리 혹은 가자미류와 잘 어울린다.

분자요리의 이해

스페인의 전설적인 요리사 페란 아드리아 Ferran Adria가 운영했던 레스토랑 엘 불리 el Bulli와 함께 뒤늦게 한국에 알려지기 시작한 '분자요리'. 그 흐름을 타고 많은 레스토랑에서 분자요리를 시도했으며 수많은 기사들이 쏟아져 나왔다. 그러나 어느 순간부터 빠른 속도로 그 분자요리를 내건 요리들은 사라지기 시작했고, 얼마 후 이런 이야기들이 흘러나왔다. "분자요리? 그 모양내고 멋 내기 바쁜 요리? 요리가 맛이 중요하지 그렇게 화려하다고 수북받아서 뭐하나. 그리고 그저 유행 지난 지가 언젠데." 유행 지난 한때 멋 내기 바빴던 요리. 과연 그럴까?

세계적인 셰프들이 앞으로의 요리에 대해 말할 때 빼놓지 않고 거론하는 용어가 바로 '분자요리'다. 분자요리가 더욱더 발전하게 될 거라는 말. 과연 분자요리가 한때 유행하고 끝나버린 그런 별 볼일 없는 요리일까? 따라 하기 식, 보여주기 식의 분자요리가 한국에 들어와 본질을 제대로 전달하지 못했고 그렇게 뿌리가 없던 분자요리는 쉽게 무너졌다. 하지만 외국은 어떤가? 이제 시작이다. 분자요리의 가능성은 무궁무진하다. 솔직히 지금 세계 레스토랑 순위 50위 안에 든 레스토랑 주방에서 분자요리와 단 1%도 관련이 없다고 말할 수 있는 주방은 과연 몇이나 될까? 이것만 봐도 이미 분자요리가 요리 트렌드의 흐름 속에 잘 스며들었으며 적극 활용되고 있다고 말할 수 있는 것이다.

사실 많은 사람들이 중요한 한 가지를 놓치고 있다. 그것은 바로 이 분자요리의 정확한 의미이다. 한국의 많은 사람들은 단순히 화학첨가물을 이용해 재료의 형태를 변형시킨 요리. 마치 요리로 장난치는 듯한 부정적인 뉘앙스를 풍기는 이미지로 많이 알려져 있다.

하지만 좀 더 정확한 분자요리학의 의미를 알 필요가 있을 것 같다. '음식을 분자 단위까지 철저하게 연구하고 분석한다'고 해서 붙여진 이름으로, 음식 재료의 질감이나 조직·요리법 등을 과학적으로 분석해 변형시키거나 완전히 다른 스타일의 음식을 창조하는 것을 말한다." 분자요리의 사전적 의미에서도 보듯 이는 엄청난 과학적 이론을 동반하지 않으면 불가능하다. 다시 말해 '조리과학' 이것을 깊이 있게 공부하지 않고는 그저 따라 하기 바쁜 식밖에 되지 않는다는 것이다. 그리고 한 가지 더 중요한 것은 식재료를 조리할 때 분자 단위까지 잴 정도로 정확하고 완벽하게 조리가 이뤄져야 한다는 것이다. 0.1g, 1°, 1초, 1brix, 1mm까지 계산되는 완벽한 요리.

아마도 이 분자요리의 완성은 단순한 식감과 질감의 변형에 앞서 정확하고 완벽하게 조리되는 레시피가 기본이 되어야 한다고 생각한다. 이런 주방에서 '대략' '적당히'라는 단어는 존재하지 않는다. 예를들어 2mm, 3mm, 4mm의 재료를 동시에 익혔을 때 3mm의 재료는 의도대로 완벽하게 요리되었다면 2mm는 더 익고, 4mm는 덜 익는다. 또한 2g의 재료를 써야 하는 경우 저울이 보여주는 2g은 2.0g인지 2.9g인지 일반적으로 알지 못하기 때문이다. 이어서 과일을 사용하는 경우 단순히 레시피만 따라 했다가는 과일의 당도에 따라 맛이 달라질 수 있기 때문에 Brix를 체크해서 정확한 당도를 유지해야 한다. 그리고 온도, 불이 2℃가 높아서 광택이 덜 난다는 이유로 이틀 동안 만든 아이스크림을 전부 버려야 했던 경험이 있다. 이 모든 단위들이 완벽히 레시피 속에서 지켜져야 요리는 완벽하게 나오는 것이다. 아마도 이런 식의 주방을 유지하는 건 현실적으로 쉽지 않은 게 사실이다. 하지만 분명 이런 주방은 존재한다. 아마도 그런 이유가 그들을 세계 정상에 올려놓은 것이다.

요리는 인류의 역사와 함께 지금까지 계속 진화해왔다. 처음 고기를 불에 구어 먹던 시절부터 시작해서 현재 수많은 조리법들이 개발되어 다른 식감과 질감으로 우리들의 입을 만족시켜왔다. 이렇게 지금껏 인류가 그래왔듯 사람의 입맛도 기존의 맛에 만족하지 못하고 새로운 식감과 질감을 찾아왔고, 우리는 요리에 과학을 적극적으로 활용해 기존에 발견하지 못했던 새로운 식감과 질감을 창조해낼 수 있는 분자요리학을 찾아냈다. 이것은 요리로 장난치는 게 아니고 인류 요리 역사의 한 획을 긋는 발견이다.

엘 불리의 요리에 대해 '30년이 지나야 사람들이 이해할 수 있는 요리'라는 이야기를 한다. 물론 그 미래에도 언제나처럼 간단히 질 좋은 고기를 좋은 숯에 구어 맛있게 먹는 요리를 선호하는 사람도 수없이 많을 것이다. 하지만 새로운 맛을 찾아다니는 사람들은 더 많을 것이다. 그렇기에 우리는 새로운 조리법에 대한 끊임없는 실험을 해야 하며, 새로운 맛을 찾는 손님들의 입맛을 만족시켜줘야 할 의무가 있다. 그런 면에서 봤을 때 분자요리학을 연구하는 많은 셰프들은 분명 존중받아야 한다.

모든 이들이 하는 요리 속에는 이미 수많은 과학이 존재하고 있고 집에서 간단히 달걀을 하나 삶는 과정 속에서도 많은 과학의 원리는 작용한다. 또한 요리를 하는 셰프는 이를 알아야 할 의무가 있다.

Why? 항상 우리는 '왜?'라는 궁금증을 품어야 한다. 왜 푸른 채소를 데칠 때 물에 소금을 넣을까? 왜 고기는 자주 뒤집어야 할까? 왜 얼음 여과를 하면 맑은 콩소메가 나올까? 모든 질문의 대답은 바로 '조리과학'이 들려줄 수 있을 것이다.

우선 우리가 일하는 일반 주방에도 분자요리는 존재한다. 각 재료별, 각 조리과정별 최고의 맛을 찾아내기 위해 더 정밀한 과학을 사용하는 것이다. 우리는 재료를 데칠 때 끓는 물에 소금 넣고 살짝 지나서 찬물에 헹궈낸다. 이것이 우리들이 아는 데치기라면 분자요리는 정확한 온도, 초단위의 정확한 시간, 물의 양, 물의 성분, 재료의 영양학적 파괴 정도까지 계산해 완벽한 맛을 이끌어낸다.

영국의 요리사 헤스톤 블루멘탈 Heston Bluementhal의 책 <Fat duck cookbook>에는 이런 글이 나온다. "말린 콩을 요리 시 데쳐야 하나요? 그냥 하나요? 물에 불리나요? 그냥 하나요? 그러면 얼마동안 불려야 하나요? 물은 단지 겉에만 입혀지는 건가요 아니면 말린 콩 수분을 뺏기나요? 칼슘은 요리하기 힘든데, 그러면 칼륨은요? 물을 너무 뜨겁지도 차갑지도 않게 하려면 온도는 어떻게 되죠? 소금은 마지막에 넣는데, 만일 콩이 이미 데쳐 나온 거라면 요리 시작할 때 콩에 소금을 뿌려도 괜찮나요? 미네랄이 많이 들어 있는 병에 담긴 물을 사용해야 할까요?" 이게 단순히 여러분이 아는 그 멋 내기만 바쁜 분자요리로 보이는가? 바로 과학이다.

물론 과학을 이용해 시각을 즐겁게 하는 방법으로도 사용될 수는 있다. 하지만 위에서 거론한 분자요리학의 근본적인 의미를 먼저 알아야 할 것이고, 분자요리는 이 근본적인 의미를 바탕으로 맛에 더 많은 시간을 투자해야 할 것이다. 그리고 분자요리를 이용한 새로운 맛을 개발하는 것도 중요하지만 기존에 있는 맛을 한층 업그레이드시키고 더욱 완벽한 경지에 이른 맛을 구현해낸다는 이름하에 분자요리가 더욱 활성화 되길 바란다.

by Chef 박무현

브라운소스 응용
: BROWN SAUCE

다이앤소스

이 소스의 유래는 여러가지다. 가장 유력한 설은 로마 신화에 나오는 사냥의 신 디아나Diana의 이름에서 유래했다는 것. 사슴고기나 사냥으로 잡은 야생동물의 고기와 곁들인다. 다섯가지 모체소스를 정의한 오귀스트 에스코피에Auguste Escoffier는 브라운소스에 요리에 쓰이는 고기의 뼈와 휘핑크림, 트러플과 달걀흰자를 더했다. 에스코피에의 방법과는 차이가 있는 또 다른 다이앤소스는 다이앤스테이크Steak diane라고 알려진 메뉴로 인해 유명해졌다. 1960~70년대 뉴욕에서 매우 유행한 요리로, 필렛미뇽Fillet mignon 스테이크를 팬에 구운 뒤 그 팬에 브랜디를 넣어 플람베Flame를 하고 브라운소스, 생크림, 잉글리시머스터드 등을 넣어 소스를 만든다.

샤세르소스

샤세르는 프랑스어로 사냥꾼이라는 뜻이다. 그래서 샤세르소스를 사냥꾼의 소스Hunter's Sauce라고 부르기도 한다. 사슴, 토끼, 야생 조류, 그 외 사냥으로 잡은 야생동물의 고기에 곁들인다. 여기에는 버섯이 기본적으로 들어가는데, 사냥을 하면서 숲과 들에 널려 있는 버섯을 쉽게 구할 수 있기 때문. 그외 샬롯, 화이트 와인, 토마토 등을 더하고 파인허브Fine herb를 넣는다. 파인허브는 지중해에서 주로 사용하는 파슬리, 차이브, 타라곤, 처빌 등의 허브다.

제네브와즈소스

브라운소스의 진한 맛에 생선의 풍미가 더해진 소스다. 제노아즈Genoise소스라고 부르기도 한다. 연어나 송어 요리에 가장 흔하게 곁들인다. 미르포아와 연어머리, 뼈를 넣고 볶다가 레드 와인을 넣어 끓인다. 여기에 브라운소스와 생선육수를 넣는데, 특이한 점은 안초비를 넣어 생선의 향을 더욱 진하게 만드는 것이다. 연어 대신 다른 생선을 넣어 만들기도 한다.

비가라드소스

비가라드는 프랑스에서 나는 오렌지의 일종이다. 말 그대로 비가라드를 넣은 소스인데, 요즘은 오렌지소스라 부르기도 한다. 이 소스는 오리고기와 가장 잘 어울린다. 전통적인 방법으로는 오렌지즙과 오렌지의 껍질을 얇게 저민 제스트를 함께 넣어 졸이다가 브라운소스를 넣어 만든다. 요즘은 설탕을 태워 달콤쌉싸래한 맛을 낸 뒤 오렌지주스를 넣어 졸이고, 여기에 레몬즙이나 식초를 더하기도 한다. 마지막으로 오렌지제스트를 넣어야 향을 제대로 즐길 수 있다. 요즘은 오렌지가 들어간 그랑마니에Grand manier, 쿠앵트로Cointreau 같은 술을 넣기도 한다.

마틀로트소스

마틀로트는 생선 스튜를 의미하는데 주로 잉어, 뱀장어 등 민물 생선을 넣어 만든다. 상대적으로 바다 생선보다 비린내가 강해 포도주와 향신료 등을 많이 넣어 비린내를 없앤다.
레드 와인과 버터, 밀가루, 샬롯, 생선육수만 넣어 만들기도 하지만 때에 따라 브라운소스를 넣어 진한 풍미를 더하기도 한다.

피낭시에르소스

피낭시에르소스는 데미그라스에 마데이라 와인Madeira wine과 트뤼플 에센스를 넣은 소스로 에스코피에의 브라운소스 파생 소스 중 한 가지다. 마데이라 와인은 스페인의 마데이라 섬에서 만들어진 포도주로 도수가 높으면서 단맛이 강한 주정강화 와인이다. 마데이라 와인 대신 셰리주Sherry를 넣기도 한다.
대부분의 쇠고기 요리와 잘 어울린다.

푸아브라드소스

꿩, 사슴 등 사냥으로 잡을 수 있는 야생동물의 고기와 가장 잘 어울리는 소스다. 다른 소스보다 상대적으로 후추를 많이 넣어 진한 향을 내고 매콤한 맛을 낸다. 미르포아를 갈색으로 볶다가 야생동물 고기의 뼈와 지방을 넣고 볶는다. 여기에 브라운소스를 넣고 월계수잎, 타임, 파슬리 등의 향신료를 넣어 더 끓인다. 소스와 건더기를 분리한 뒤 후춧가루를 듬뿍 넣는다.

로베르소스

로베르소스는 브라운소스의 파생 소스 중에서도 1600년대 요리책에 나올 만큼 오래된 소스에 속한다. 다진 양파를 버터와 함께 볶다가 화이트 와인을 넣어 졸인다. 이때 양파는 갈색이 나서는 안 된다. 여기에 브라운소스를 넣는데 에스파뇰 대신 데미그라스를 넣는 것이 일반적이다. 잉글리시드라이머스터드와 설탕을 섞어 넣으면 소스가 완성된다. 그릴에 구운 돼지고기 요리와 잘 어울린다. 여기에 코니숑Cornichon이라는 프랑스 오이피클을 잘게 썰어 넣으면 샤퀴티에레Charcutere소스가 된다.

생선 손질 기본 도구 (일식)
: CHEF'S TOOL FOR FISH

by Chef 류태환

타케사사라 竹ささら
가루 녹차를 탈 때 젓는 용도로 사용하지만 생선의 중심 뼈에 붙어 있는 혈전을 제거할 때도 사용한다. 타케사사라 대신 칫솔로 긁어내기도 한다.

우로코비키 うろこ引き
생선 비늘을 제거할 때 사용한다. 특히 두꺼운 비늘을 가진 생선을 손질할 때 적합하다. 생선 비늘이 작다면 칼등이나 숟가락으로 긁는 것이 좋다.

카네바시 金箸
'쇠 젓가락'이란 뜻으로 생선회를 옮겨 담을 때나 덴푸라를 튀길 때, 접시에 음식을 담을 때 사용한다. 모리바시盛箸라고 부르기도 한다.

호네누끼 骨拔き
조리용 족집게로 잔가시나 뼈를 뽑을 때 사용한다.

세계 최고의 레스토랑
: 미쉐린 가이드 & THE WORLD'S 50 BEST RESTAURANTS

미쉐린 가이드 Michelin Guide

많은 요리사들은 미쉐린 가이드Michelin Guide의 별을 받고 싶어 하고, 많은 사람들은 미쉐린 가이드의 별을 단 요리를 맛보고 싶어 한다. 미쉐린 가이드는 프랑스 타이어 회사 미쉐린에서 1900년에 창간한 책이다. 처음에 미쉐린 가이드는 자동차 관리법과 정비소, 숙박시설과 레스토랑 등의 정보와 여행노선표가 나와 있는 운전자를 위한 안내서였다. 1926년부터 맛있는 음식이 있는 호텔에 별을 붙여 안내한 것이 미쉐린 가이드 별의 시초다. 현재의 방식이 완성된 건 1933년인데, 여러 명의 전문 심사위원이 레스토랑에 비밀스레 찾아가 음식 맛과 서비스, 분위기 등을 보고 보고서를 작성하면 이를 근거로 평가를 한다. 별 3개가 최고 등급으로 요리를 맛보기 위해 여행을 떠나도 아깝지 않은 곳이 선정된다. 별 2개는 요리를 맛보기 위해 멀리 찾아갈 만한 곳, 별 1개는 요리가 특별히 훌륭한 곳이라고 한다. 국내는 2017년 <미쉐린 가이드 서울>편이 처음으로 발간되었다. 국내 레스토랑 평가서로는 2005년 첫 발행한 블루리본 서베이가 유명하다.

The World's 50 Best Restaurants [W50B]

영국의 '윌리엄 리드 미디어William Reed Media'에서 발간하는 레스토랑Restaurant 매거진이 2002년 처음 주관했다. 이 레스토랑 리스트는 파인다이닝 분야의 글로벌 오피니언 리더 900여 명의 회원으로 구성된 '다이너스클럽 월드 50 베스트 레스토랑 아카데미'에서 지역별 패널을 구성하고 투표를 집계해 순위를 결정한다. 그 결과를 매년 4월, 전 세계 스타 셰프들을 한자리에 모아놓고 발표하는 요리 업계의 오스카 시상식과도 같은 행사다. 미슐랭 가이드가 레스토랑의 음식과 서비스의 퀄리티를 평가한다면, W50B는 전 세계를 여행하는 미식가들에게 가장 많은 관심을 받고 있고 앞으로 요리업계가 더 발전하는 데 선두가 되는 레스토랑을 소개한다는 차이가 있다. 트렌드를 반영하는 리스트이기 때문에 요리업계의 트렌드를 만들어내는 식당이 새롭게 리스트에 오르고, 과거에 높은 순위에 올랐던 레스토랑이라 하더라도 순위 밖으로 밀려난다.

이런 순위의 변화는 현재 미식업계의 트렌드를 반영할 뿐이지, 결코 어떤 레스토랑이 더 우월한지의 판단 기준은 아니다. 미슐랭은 각 나라별로 레스토랑에 정해진 날짜에 통보를 하는 반면에, W50B는 전 세계 최고의 셰프들을 한자리에 모아 순위를 발표한다. 행사는 순위 발표 외에도 전 세계 유수의 셰프들이 그들의 요리 철학과 미식 트렌드에 대해 이야기하는 컨퍼런스나 세미나 등의 행사가 함께 진행된다. 요리와 외식산업 종주국으로 주목받았던 프랑스, 이탈리아, 미국 이외에 과거에는 주목받지 못했고 숨겨져 있거나 세계적인 미식업계의 발전을 위해 새로운 시도를 하고 있는 제3국의 식문화가 재조명을 받는 기회를 얻었다. 대표적인 예가 스페인과 덴마크, 가장 최근에는 라틴아메리카의 페루와 브라질이다. 음식 관광을 생각하면 떠올랐던 몇몇 나라에서 벗어나, 소비자들이 숨겨져 있던 또 다른 식문화를 경험하고, 여행을 가는 데 용기 내도록 도와준 것이 W50B가 제안하는 바이기도 하다. 또한, 2013년에 시작한 Asia's 50 Best Restaurants는 아시아 지역의 레스토랑을 대상으로 한정해 평가하고 있다.

콩의 변신, 세계의 간장

음식의 간을 맞출 때 빠져서는 안 될 황금 소스 간장. 그 종류도 다양해 선뜻 고르기 쉽지 않다. 이름도 개성도 모두 다른 간장의 쓰임이 알쏭달쏭한 독자들을 위해 준비했다. 여러 문화권에서 유래해 제각각 다양한 매력을 뽐내고 있는 간장을 만나보자.

한국

진간장 › 진장

열을 가하면 맛이 살짝 변하는 다른 간장에 비해 진간장은 맛이 잘 변하지 않고 색이 진하면서 염도가 낮아 볶음, 찜 등 열을 가하는 음식에 최적이다. 특히 요리의 감칠맛을 상승시켜주어 다양한 요리에 쓰기 좋다. 재래식 진간장은 5년 이상 묵어 아주 진한 것을 말한다. 시중에 판매하는 개량식 진간장에 비해 맛이 진하고 깊다.

조선간장 › 국간장, 청장, 집간장

조선간장은 전통 방식에 따라 메주를 띄워 담근 간장이다. 깔끔하고 담백한 맛을 가지고 있어 국물 요리의 간을 맞출 때 가장 적합하다. 특히 색은 옅지만 염도는 높으므로 나물 무침 등 요리에 들어가는 재료 본연의 맛과 색을 그대로 살리며 간을 할 때 사용하기 좋다.

양조간장

양조간장은 메주를 직접 사용하지 않고 대두, 탈지 대두 또는 곡류 등에 배양한 누룩균과 식염수 등을 섞어 발효시켜 만든다. 색이 진하고 달달한 맛을 느낄 수 있는 것이 특징이다. 하지만 가열하면 양조간장만의 풍부한 향과 맛이 날아가므로 열을 가하는 요리보다는 생으로 섭취하는 음식에 사용하는 것이 좋다.

일본

고이쿠치 쇼유 Koikuchi Shoyu こいくち醬油

한국의 전통 간장과 달리 밀을 넣어 만드는 고이쿠치 쇼유는 일본에서 가장 폭넓게 사용하는 간장이다. 대두와 밀로 메주를 만들어 6~8개월 정도 발효해 만든다. 한국의 진간장처럼 감칠맛과 고소함이 진하며 짠맛을 포함해 단맛, 신맛, 쓴맛을 모두 느낄 수 있다. 투명하고 윤기 있는 적갈색을 띠고 있으며 조림이나 볶음 요리의 색과 맛을 살리기 좋다.

우스쿠치 쇼유 Usukuchi Shoyu うすくち醬油

국간장에 속하는 우스쿠치 쇼유는 주로 일본 관서 지방에서 사용하며 색과 향이 연하다. 고이쿠치 쇼유와 만드는 방법은 같지만 색을 옅게 하기 위해 소금을 2% 정도 더 사용한다(소금 함유량은 18~19%). 특유의 옅은 향과 맛으로 요리 본연의 맛에 영향을 주지 않는다. 주로 우동 같은 맑은 국물 요리에 간을 할 때 사용한다.

중국

생추 Sheng Chou 生抽

발효한 콩과 밀가루, 물, 소금으로 만드는 중국의 간장은 제조방법에 따라 양조釀造간장과 배합配合간장으로 나뉜다. 양조간장은 전통적 방법으로 보리·밀을 발효해 만들며, 배합간장은 양조간장에 염수 등을 희석해 만든다. 식용방법에 따라서도 나뉘는데, 노추老抽와 생추生抽로 구분한다. Light soy sauce로 불리는 생추는 불그스름한 갈색을 띠며 깔끔하고 달콤한 맛이 조화롭다. 색은 진하지 않고 맛이 담백해 모든 요리에 쓰이며 음식의 풍미와 향을 더해준다. 음식 본연의 맛과 향을 유지할 수 있다는 것이 큰 장점이다.

노추 Lao Chou 老抽

볶음 요리가 많은 중국은 다양한 소스가 발달되었다. 그중에서도 노추는 중국인이 즐겨 사용하는 소스 중 하나이다. 한국의 조선간장에 해당하는 노추는 노두유老豆油라고도 하며 영어권에서는 Dark soy sauce로 불린다. 맛과 향, 색과 농도 모두 진한 것이 특징이다. 설탕, 당밀, 전분이 들어가 단맛이 있고 상대적으로 짠맛은 덜하다. 주로 요리의 색을 진하게 만들 때 넣는데, 노추만으로 간을 맞추면 자칫 농도와 색이 과도하게 진해질 수 있어 주의해야 한다. 동파육이나 가금류 요리에 많이 사용한다.

기타

씨유담 See ew dahm

간장보다 피시 소스가 주를 이루던 과거 태국 요리. 간장을 많이 사용하는 중국 식문화의 영향으로 태국 간장은 현대 태국 요리의 중요한 식재료로 자리하게 되었다. 시럽과 같은 농도에 진한 검은색을 띠는 태국의 검정 간장. 짠맛과 진한 당밀 향이나 볶음이나 구이에 활용하기에 좋다.

케찹 마니스 Kecap Manis

말레이시아의 생선 소스였던 지금의 케첩에서 유래된 말로 인도네시아에서 가장 많이 사용하는 간장이다. 발효된 콩에 코코넛, 설탕, 스타아니스, 갈랑갈 등 다양한 향료를 섞어 만들어 농도가 진하고 단맛과 독특한 풍미가 강하게 느껴진다. 케찹 마니스의 향은 발효 과정보다도 재료를 볶는 과정에서 좋은 향미가 나온다. 인도네시아의 그릴 요리를 비롯해 우리에게 익숙한 나시고랭과 미고랭의 주요 소스로 사용한다.

매기 씨즈닝 Maggi Seasoning

동남아시아 국가에서 많이 사용하며, 밀로만 만든 간장이라는 점이 독특하다. 특히 찬 요리와 더운 요리에 모두 활용 가능하며 조리 시 색의 변화가 없다는 점과 불로 요리할 때 소스가 타지 않는다는 점이 매력적으로 다가온다. 매기 씨즈닝을 이용해 고기나 생선을 재우면 잡냄새를 없애는 데 탁월한 효과가 있다.

세계의 식재료
: 남아메리카

● **Grains, Beans and Nuts**

아마란스 Amaranth
고대 아즈텍인들의 주식이었으며 8000년 전부터 먹은 아주 오래된 곡식이다. 멕시코, 페루 등에서 많이 먹는데, 특히 멕시코에서는 아마란스를 팝콘처럼 튀겨 달콤한 시럽과 버무려 만든 스낵인 알레그리아Alegria가 유명하다.

메이즈 Maize(corn)
옥수수의 원산지가 바로 남아메리카 안데스 산맥 일대다. 이곳에선 옥수수를 메이즈라고 부르는데 브라질, 아르헨티나, 페루 등 많은 나라에서 옥수수를 다양한 형태로 가공해 주식으로 먹는다.

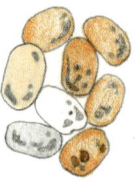

핀토콩 Pinto beans
얼룩덜룩한 무늬가 있는 핀토콩은 남아메리카, 특히 멕시코에서 많이 먹는다. 육수에 삶아 그대로 먹거나 으깨서 부리토Burritos의 속에 넣기도 한다.

퀴노아 Quinoa
잉카 제국의 '슈피그레인'인 퀴노아는 지난 수천 년 동안 남아메리카 안데스 지역에서 재배된 곡물이다. 쌀의 3분의 1 크기에 둥근 모양의 퀴노아는 단백질이 풍부하고 칼슘, 철분, 아연 등 각종 비타민과 미네랄을 함유하고 있어 완전식품으로 평가된다. 입 안에서 톡톡 터지는 식감이 특징이다.

키드니빈스 Kidney beans
우리나라에서는 강낭콩으로 부른다. 멕시코의 칠리 콘 카르네Chile con carne의 대표 재료로 널리 알려져 있으며 삶으면 부드러우면서 담백한 맛이 난다.

페피타스 Pepitas
호박씨를 페피타스라고 부른다. 껍질을 벗겨 굽거나 튀기면 맛이 더 좋아진다. 소금이나 매콤한 스파이스를 뿌려 먹는다. 빵이나 케이크에 넣는 것 외에 곱게 간 호박씨를 소스에 넣어 걸쭉하게 히기나 향을 더해주는 역할을 한다.

카카오 Cacao
초콜릿의 원료인 카카오는 남아메리카 열대 지역이 원산지인 나무다. 카카오의 열매를 발효시킨 뒤 볶아 가공해 얻은 코코아가루와 카카오버터로 초콜릿 음료를 만들거나 우리가 먹는 형태의 초콜릿을 만든다.

● **Vegetables**

토마토 Tomato
토마토는 전 세계적으로 아주 중요한 식재료 중 하나다. 남아메리카에서도 역시 자주 사용하는 재료로 토마토를 갈아 소스를 만들거나 살사를 만들어 먹는다.

할라피뇨 Jalapeno
할라피뇨는 어두운 녹색으로 끝이 둥글고 매끈하며 과육이 두껍고 아삭아삭한 고추다. 매운맛은 그리 강하지 않으며 구워서 껍질을 벗겨 사용하기도 하고 피클로 만들어 먹기도 한다.

포블라노 Poblano
별로 맵지 않은 고추로, 속을 채워 튀기는 요리를 하거나 구운 뒤 껍질을 벗겨 요리한다. 옥수수나 토마토와 함께 요리하면 잘 어울리고, 완전히 익은 포블라노는 말려서 사용하는데 이는 안초 포블라노Ancho poblano라고 부른다.

감자 Potato
감자 역시 남아메리카 많은 나라의 주식 중 하나다. 특히 페루는 3000가지 이상의 다양한 감자 요리가 있을 정도다. 안데스 산지의 주민들은 감자로 추뇨Chouno라는 저장식품을 만들어 먹는데 감자에 서리를 맞히고, 얼린 뒤 밟아 으깨고, 다시 말리는 오랜 과정을 거쳐 만든다. 추뇨는 10년 정도 보관이 가능할 정도로 오래도록 저장해두고 먹을 수 있다. 수프나 스튜에 넣어 먹으면 부드럽게 익는다.

토마티요 Tomatillo
토마토처럼 생겼고 토마토처럼 요리에 쓰이지만 원래는 꽈리과의 과일이다. 남아메리카에서 흔히 쓰이는 재료로 익히거나 퓌레로 만들어 소스에 넣거나 과카몰레, 살사 베르데Salsa verde 등에 넣어 먹는다. 토마토의 질감이 나고 사과나 레몬 같은 상큼한 산미가 매운맛과 잘 어울린다.

Herb and Spice

아키오테 Achiote
아키오테의 씨는 아주 붉은색으로 손으로 직접 만지면 금세 손끝이 붉게 물든다. 이 붉은 열매를 곱게 갈아 식초, 마늘, 스파이스 등과 섞어 아키오테 페이스트Achiote paste로 만들어 먹는다. 주로 고기와 쌀 요리에 색과 맛을 낼 때 쓴다. 짭짤하고 흙 풍미가 나며 쌉싸래한 맛이 난다.

파넬라 Panela(Piloncillo)

사탕무로 만든 중남미의 비정제 설탕이다. 베네수엘라에서는 설탕보다 더 싸고 건강한 당류로 알려져 있으며 오래전부터 많은 전통요리법에 사용되고 있다. 콜롬비아에서 아구아파넬라Agua panela라고 불리는 콜롬비아 음료의 주재료로 쓰인다.

바나나 잎 Banana leaves
바나나 잎은 넓적하면서 잘 찢어지지 않고 물에 젖지 않아 음식을 싸거나 접시로 사용하기도 좋다. 푸에르토리코에서는 타말레와 비슷한 파스텔리Pasteles라는 요리에 쓰인다. 바나나 잎으로 감싸 요리를 하면 달콤한 향이 풍겨 입맛을 돋운다.

에파조테 Epazote
오래전부터 마야인의 주요 식재료였다. 타르 같은 강한 냄새가 나지만 오래도록 조리하면 민트, 캐러웨이, 월계수, 시트러스 같은 향이 서서히 뿜어져 나온다. 에파조테는 초리조, 토마틸로, 옥수수, 콩 등의 재료와 잘 어울린다.

실란트로 Cilantro

우리나라 말로 고수라 하는 코리앤더Coriander의 잎과 줄기를 실란트로라고 부른다. 전 세계적으로 먹는 허브로 남아메리카에서는 신선한 실란트로잎을 갈아 그린칠리와 함께 처트니로 만들거나 렐리셔Relish, 살사 등으로 만들어 먹는다.

호아산타 Hoja santa

남아메리카에서 유명한 허브로 신선한 잎은 재료를 싸서 요리하고, 말린 것은 빻아서 양념으로 쓴다.

Fruits

체리모야 Cherimoya

남아메리카 안데스 산맥을 중심으로 재배되며, 페루어로 '차가운 과실'이라는 뜻이다. 부드러운 질감의 하얀 과육이 커스터드 같다고 하여 '커스터드 애플'이라고도 불린다.

구아바 Guava

구아바는 비타민 C를 많이 함유하고 있어 자연의 감기약이라고 불리며 열매, 잎, 나무껍질 등을 건강식과 약용으로 사용한다. 신선한 초록 빛깔과 달콤한 향이 일품이다.

퀸스 Quince
모과와 비슷한 울퉁불퉁하고 노란 모양의 퀸스는 '황금사과'라 불리기도 하며, 사과와 배 중간의 모양과 맛을 가지고 있다. 잘 익은 퀸스는 마멀레이드, 잼과 젤리, 시럽 등으로 사용한다.

라임 Lime

라임은 신맛과 새콤달콤한 맛이 나며 황록색으로 과육이 연하다. 즙이 많고 레몬보다 새콤하고 달아 동남아시아와 중남미 음식, 모히토 칵테일에 빼놓을 수 없는 재료이다.

프리클리 페어 Prickly pear

손바닥같이 넓적한 선인장의 빨간 열매로 우리나라에서는 백년초로 알려져 있다. 핑크빛이 도는 빨간 열매는 상큼하고 새콤한 맛을 가지고 있다.

아보카도 Avocado

멕시코와 남아메리카가 원산지이며, 악어의 등처럼 울퉁불퉁한 껍질 때문에 '악어배'라고도 한다. 열매를 식용하기 위해 재배하며 잘 익은 아보카도는 부드럽고 버터와 같은 진한 풍미를 느낀다.

브레드프루트 Breadfruit

빵나무의 열매는 모양은 과일인데 갓 구워낸 빵과 비슷한 감자와 같은 풍미를 가지고 있다. 굽거나 쪄서 먹으면 식감이 빵이랑 비슷해 태평양 섬 주민들의 주요한 식량이 되고 있다.

플랜틴 Plantain

주로 요리에 사용하는 바나나로 과일로 먹는 바나나보다 크기가 더 크고, 껍질이 더 질기며, 전분 함량이 높아 가열해 익혀서 먹는다. 잘 익은 플랜틴 바나나는 고구마와 같은 달콤함이 느껴진다.

파파야 Papaya

파파야는 과육 그대로 생으로 먹거나 잼·설탕에 절인 과자 등으로 먹는다. 익지 않은 열매는 소금에 절여서 쓴다. 일부 나라에서는 푸른빛의 덜 익은 파파야 열매를 채소 대용으로 볶음 요리에 쓰기도 한다.

세계의 식재료
: 동남아시아

● Vegetables

가지 Eggplant
우리나라에서 흔한 길쭉한 모양의 짙은 보라색 가지도 있지만, 지름이 2.5cm 정도로 작고 단단한 둥근 녹색 가지도 많이 쓰인다. 태국이나 베트남 등지에서 쉽게 볼 수 있으며 태국 가지라고 불린다. 말레이시아에는 박 모양을 한 노란 가지도 볼 수 있다.

오크라 Okra
다섯 개의 능선을 가진 채소로 속에는 씨가 잔뜩 들어 있다. 살짝 덜 익은 연한 열매만 골라 먹는다. 날것을 그대로 썰어 무치거나 수프의 건더기, 육류나 어패류와 함께 볶아서 먹는다.

프릭 키 누 수언 Phrik khi nu suan
붉은색이나 녹색을 띠고 1cm 정도의 길이로 작지만, 매운맛이 매우 강하다. 썰어서 소스에 넣어 먹거나 국을 끓일 때 함께 넣고 끓여 매콤한 맛을 낸다. 동남아시아 전역에서 흔히 볼 수 있다.

설롯 Shallot
우리에게는 작은 양파로 알려진 설롯은 세계 각지에 널리 쓰이며 동남아시아 요리에도 다양하게 활용되고 있다. 인도네시아에서는 바왕 메라 Bawang merah라고 불리며 식초와 섞어 피클로 만들어 먹기도 하고 다양한 볶음 요리에 넣어 먹기도 한다.

프릭 행 Phrik haeng
붉은 프릭 치 파를 말린 것으로 매운맛이 좀 더 강하다.

프릭 치 파 Phrik chi fa
손가락만 한 크기로 녹색과 적색 두 가지가 있고 땅을 보고 자란다. 주로 고춧가루를 만들 때 사용하고 이 고추 역시 매운맛이 강하다.

타로 Taro
가장 오래전부터 재배를 한 작물로 알려져 있다. 부드러운 덩이 줄기 식물로 채소로 생김새는 야자 열매나 큰 고구마와 비슷하며 속은 하얗고 보라색의 반점이 있다. 요리에 쓰이거나 향신료와 섞어 후식을 만들어 먹기도 한다.

● Herbs & Spices

고수 Corriander
세계 각국에서 폭넓게 사용하지만 특히 태국, 인도 중국, 유럽에서 많이 사용한다. 고수의 향은 비린내를 제거하는 데 효과가 좋다. 동남아시아의 거의 모든 음식에서 맡을 수 있는 독특한 향은 모두 고수로부터 나온다고 할 정도다.

카피르 라임 잎 Kaffir Lime leaf
카피르 라임 잎을 빻아 코리앤더, 칠리, 레몬그라스 등과 함께 신선한 그린 카레에 섞는 것은 동남아시아 요리의 기본 중 기본이다. 두껍고 싱싱한 잎을 주로 이용하고, 독특하고 짜릿한 냄새를 풍긴다. 국물에 넣어 함께 끓이거나 잘게 다져 음식에 넣는다.

야자 설탕 Palm sugar
재거리 Jaggery 라고도 불리며 아시아 요리에 폭넓게 사용된다. 노란색이나 연갈색을 띠고 있으며 독특한 풍미를 지닌다. 다양한 야자나무의 수액에서 뽑아 만들고 설탕은 보통 덩어리로 판다.

갈랑갈 Galangal
생강의 일종으로 뿌리를 사용하는 향신료다. 겉은 갈색, 속은 오렌지색이다. 동남아시아에서 흔히 먹는 카레나 찜 요리에 필수로 들어가는 재료로 생강 대용으로 많이 사용한다.

넛맥 Nutmeg
인도네시아에서 주로 자라는 열매로 성숙하면 붉은빛을 띤 노란색 껍질이 벌어진다. '사향 향기가 나는 호두'라는 뜻으로, 생선 요리나 소스를 만들 때 많이 사용한다.

레몬그라스 Lemongrass
태국의 대표적인 수프인 똠양꿍의 주재료이다. 이름에서 느껴지듯 레몬 향이 나는 허브로 동남아시아에서는 키가 큰 절구에 넣고 빻아 가루로 만들어 마늘, 카피르 라임 잎과 다른 허브를 섞어 걸쭉한 카레 페이스트를 만든다. 레몬그라스의 노란색 잎은 차의 원료로도 쓰인다.

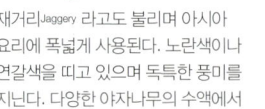

정향 Clove
인도네시아에서 주로 생산되는 향신료로 꽃봉오리를 따서 건조한 것으로 강한 향미와 달콤함을 자랑한다. 육류의 비린내와 생선의 비린내를 없애준다. 동남아시아에서는 국수 요리의 국물을 내는 데 주로 사용한다.

카르다몸 Cardamom
생강과 식물의 일종으로 소두구라고 불리는 향신료이다. 향신료의 왕이 후추라면 향신료의 여왕으로 불려도 손색이 없다. 카레가루의 주요 원료로 요즘에는 과자나 술, 껌 등에도 사용된다.

박하 Peppermint
동서양을 막론하고 오랫동안 식용과 약용으로 사용해온 허브다. 꿀풀과에 속하는 여러해살이풀로 요리용 허브, 캔디, 껌 등의 향미료로 쓴다. 워터민트와 스피아민트의 교잡종으로 향기가 후추의 톡 쏘는 성질과 닮아 페퍼민트라는 이름이 붙여졌다.

판다누스 잎 Pandanus leaf
바닐라 맛이 나는 판다누스 잎은 아시아 몇몇 시장에서 생으로 혹은 건조 제품으로 만날 수 있다. 요리에 넣기 전에 길고 좁다란 잎사귀를 한데 묶거나 특이한 향미를 내기 위해 찢어 쓴다.

바나나 잎 Banana leaf
재료의 수분을 보존하고 요리에 약간의 향을 더해준다. 구이나 찜 요리 시 재료를 싸는 데 사용한다. 말린 것을 엮어서 그릇 대용으로 사용하기도 하고 베트남의 경우 우리나라의 연잎밥처럼 바나나 잎에 쌀과 향신료를 넣고 찜 요리를 만들어 먹기도 한다.

Fruits

두리안 Durian
말레이시아어로 가시를 뜻하는 '두리'가 어원이 되어 붙은 이름이다. 냄새가 고약하고 껍질에는 울퉁불퉁한 가시가 돋아 있지만, 껍질 속 크림색의 과육은 생크림에 버터를 섞은 듯한 고소함이 있다. 먹고 나면 술을 마신 것처럼 몸에 약간의 열을 내는 특징이 있다. 열대과일 중 가장 고가이고 아이스크림이나 사탕, 주스 등으로 가공한 제품이 많다.

망고스틴 Mangosteen
망고스틴은 맛도 맛이지만 영국의 빅토리아 여왕이 좋아한 과일이라 '과일의 여왕'이라 불린다. 짙은 자주색 껍질 아래를 손으로 눌러 껍질을 벗겨내고 하얀색 과육만 먹는다. 즙이 많고 단맛이 강해 맵고 뜨거운 음식을 먹은 뒤 디저트로 많이 나온다.

그린로즈 애플 Green rose apple
파프리카나 작은 서양 배와 흡사한 모습으로 주로 말레이시아에서 사용한다. 완전히 익기 전에는 밝은 초록빛을 띠고 잘 익은 그린 로즈 애플은 장밋빛을 띠며 표면이 굉장히 반짝인다. 사과 맛이 나고 수분이 많다.

코코넛 Coconut
연한 녹색의 열대과일로 즙이 많아 음료로 마시기도 하고 열매 안쪽의 젤리처럼 생긴 과육은 그대로 먹거나 기름을 짜서 쓴다. 동남아시아에서는 과육으로부터 얻은 코코넛 밀크를 이용한 요리가 많다.

타마린드 Tamarind
익지 않은 어린 타마린드의 과육은 신맛이 강해 레몬을 대신하거나 조미료 또는 피클을 만들어 사용한다. 다 익은 것은 껍질을 깨서 씨를 둘러싼 과육에 해당하는 부분만 식용으로 쓴다. 맛이 곶감과 비슷하게 달착지근해 갈아서 음료의 베이스로 사용하기도 하고 잼이나 페이스트로 만들어 음식에 사용하기도 한다.

람부탄 Rambutan
동남아시아에서 가장 흔한 과일로 겉은 성게 모양이고, 껍질 속에는 흰색의 반투명한 과육과 씨가 들어 있다. 붉은색이 선명하고 주황색의 부드러운 깃털이 있다. 과즙이 풍부하고 새콤달콤한 맛이 일품이다. 열매는 그대로 먹기도 하고 잼이나 젤리 등으로도 이용한다.

용안 Longan
'용의 눈'을 뜻하는 이 과일은 안에 까만 색의 동그란 씨가 있어 붙여진 이름이다. 지름이 2.5cm 정도 되고 껍질은 옅은 갈색이며, 과육은 반투명의 젤리 상태이다. 손쉽게 껍질을 벗길 수 있고 껍질에 분홍빛이 살짝 도는 것이 맛이 좋다. 단맛이 강한 치앙마이산이 가장 맛있다고 한다. 당분과 칼슘, 비타민 C가 많이 함유된 과일이다.

파파야 Papaya
덜 익으면 녹색, 잘 익으면 오렌지색을 띤다. 녹색 파파야는 채 썰어서 매콤한 샐러드로 만들어 먹는다. 잘 익은 파파야의 껍질을 벗겨 반으로 가르면 짙은 오렌지색의 과육이 나온다. 과육은 먹고 까만 씨는 털어낸다.

세계의 식재료
: 북유럽

●
Vegetables & Fruits & Grain

링곤베리 Lingonberry
북유럽 국민 누구나 숲에서 자유로이 과일 또는 버섯 등을 딸 수 있는 권한을 가지고 있기 때문에 링곤베리는 숲이 많은 북유럽에서 매우 보편적으로 먹는 과일이다. 링곤베리는 일반적으로 삶거나 설탕에 절여서 잼, 주스, 젤리 등의 형태로 먹을 수 있다.

콜라비 Kohlabi
북유럽이 원산지인 콜라비는 마치 순무처럼 둥근 모양으로 부푼 줄기를 먹기 위해 기른다. 감자와 함께 으깬 뒤 버터와 함께 퓌레를 만들어 먹거나 살짝 볶아 먹는다. 어린 콜라비는 생으로 먹어도 좋고, 껍질을 벗긴 뒤 채 썰어서 샐러드에 넣기도 한다. 맛이 순하고 달콤하며, 브로콜리 줄기와 래디시를 약간 섞어놓은 것 같은 맛이 난다. 날로 먹으면 약간 후추 향도 난다.

클라우드베리 Cloudberry
진한 주황색을 가진 딸기로 호로딸기라고도 한다. 맛은 매우 상큼하고 톡 쏘는 향이 있는데, 그냥 먹거나 살짝 익혀서 설탕을 뿌려 먹기도 한다. 클라우드베리는 재배하는 곳이 많지 않아 거의 대부분을 야생에서 수작업으로 수확하기 때문에 대부분 한번 수확하면 얼려서 사용한다.

방울다다기양배추 Brussels Sprouts
16세기부터 벨기에 브뤼셀 지방에서 재배되어 붙은 이름의 브뤼셀 스프라우드. 우리말로는 방울다다기양배추다. 단단하게 뭉쳐 있는 잎사귀 때문에 마치 조그만 양배추처럼 보인다. 쪄서 발사믹식초나 치즈를 뿌려내거나 크림이나 치즈 소스를 곁들인다. 부드러워질 때까지 익히면 어린 양배추처럼 달콤한 맛이 난다. 큰 것은 쓴맛이 날 수도 있으므로 작을수록 좋다.

셀러리악 Celeriac
셀러리의 일종이지만 뿌리를 먹기 위해 따로 재배한다. 야생 셀러리의 변종으로 알려져 있는 셀러리악은 처음에는 지중해 지역에서 재배되었으며, 유럽 특히 북유럽에서 인기가 높다. 셀러리악의 맛은 강한 셀러리와 파슬리의 중간쯤이다.

호밀 Rye
호밀의 원산지는 러시아, 폴란드, 독일 등을 중심으로 하는 북유럽 국가들로 밀보다 주위에 훨씬 강하고 건조한 사실의 척박한 토양에서도 잘 자란다. 보리나 밀의 재배가 곤란한 산간 및 하천 부지 등에서도 재배가 가능하다. 호밀은 오래 저장할 수 있고, 호밀로 빵을 만들며 점탄성은 떨어지나 단단하며 쉽게 부서지지 않는 장점이 있다.

●
Spices

카더몬 Cardumon
북유럽에서는 빵, 케이크, 아이스크림의 풍미를 더하고 피클의 맛을 내는 향신료로 쓴다. 스웨덴의 시나몬빵인 카넬불라Kannelbullar에는 카더몬이 꼭 들어간다. 카더몬은 사용 직전 꼬투리에서 씨앗을 꺼내 바로 빻아서 사용하는 것이 향이 가장 좋다.

딜 Dill
북유럽에서 생선 요리에 짝꿍처럼 쓰이는 허브다. 딜에는 진정작용과 최면 효과가 있다. 딜은 향이 강하며 깃털같이 부드러운 잎과 진한 녹색이 특징이다. 요리에 딜을 사용할 때에는 식탁에 내기 전에 넣어야 향이 오래도록 유지된다. 씨와 잎 모두 사용이 가능하다.

캐러웨이 Caraway
아시아와 북유럽이 원산지로 유럽이나 인도, 중국 등에서 많이 먹는 향신료다. 호밀빵이나 비스킷, 소시지 등에 넣었을 때 그 향미를 제대로 느낄 수 있고, 수프나 스튜에 향을 낼 때 넣기도 한다.

050

Seafoods

대구 Cod
대구는 수요가 워낙 높다 보니 그 수가 점차 줄어들고 있다. 하지만 아이슬란드 인근 해역과 북극해에서는 여전히 상당히 풍부한 편이며, 북유럽에서는 맛이 훌륭한 대구 양식에 성공했다. 대구에서 가장 맛있는 부분은 허리 주위의 가장 두꺼운 살, 또는 필레의 가장 윗부분이다. 대구는 소금을 뿌려 말린 뒤 훈제할 수도 있다. 다양한 조리법에 모두 어울려 오븐이나 석쇠에서 구워도 좋고, 프라이팬에서 튀겨도 좋으며, 물에 삶아도 좋다.

죽합 Razor Clam
노르웨이에서 스페인의 대서양 연안, 그리고 지중해 일부 지역에서 잘 잡힌다. 조개와 바닷가재 살의 중간쯤 되는 향미를 지니고 있다.

연어 Salmon
연어는 크리스마스, 부활절에 특별 요리로 등장하는 경우가 많다. 연어를 이용해 만든 요리로는 그라블락스Gravlax가 있는데 연어를 설탕, 소금, 딜 등으로 절여서 만든 북유럽 요리다. 주로 명절이나 파티에서 뷔페식의 스모르고스보르드 등에 내놓는 요리다.

청어 Herring
북유럽에서 많이 나는 청어는 신선하고 맛이 좋다. 고기부터 알까지 다양한 절임 방법으로 북유럽인들은 매우 즐겨 먹는다. 북유럽 지역에서 유독 절임 형태의 요리 기법을 많이 보게 되는데, 아주 옛날 바이킹 시대부터의 전통이다. 뱃사람이었던 이들은 수확한 많은 양의 생선을 오래 저장하고 운반하기 위해서 신선한 맛을 계속 즐길 수 있는 방법인 절임 방식을 이용했던 것이다.

새우 Shrimp (래꼬르 Rakor)
북유럽 중에도 특히 노르웨이, 스웨덴, 덴마크에서는 파스타, 샐러드, 샌드위치, 파이 등 꽤 많은 음식에 다양한 새우를 곁들여 먹는다. 대표적인 것으로는 새우샌드위치인 래크스머르고스Raksmorgas를 들 수 있다. 북유럽에서 새우로 유명한 곳은 덴마크와 노르웨이 사이의 북해 해협인 스카겐Skagen이다.

Meats

순록고기 Reindeer
노르웨이, 스웨덴, 핀란드, 그리고 러시아에 걸친 사미 지방의 사미족은 오랜 세월 동안 순록고기를 먹어왔다. 쇠고기나 돼지고기보다 지방 함량이 적기 때문에 건강에도 좋다. 오늘날에는 북유럽 여러 지방의 별미로, 보통은 간단한 소테 요리로 낸다. 순록은 사슴과 비슷하지만 뒷맛이 더 달고 매끄러우며, 뚜렷한 야생 육류의 맛을 지니고 있다. 기름기가 적고 부드러우며, 특히 오븐에 천천히 구워 지나치게 익히지 않았을 때가 맛있다.

소간, 선지 Liver, Blood Pudding
철분과 비타민 A·B 등을 효과적으로 보충할 수 있는 식재료다. 수렵과 사냥을 하며 해가 짧은 긴 겨울을 보내는 북유럽인들에게 매우 필요한 재료인 것이다. 간을 구워 먹거나 감자와 함께 완자를 만들어 먹기도 한다. 빵에 발라 먹을 수 있도록 스프레드 형태로 가공해 피클이나 잼 등과 곁들여 즐겨 먹는다. 두꺼운 햄 모양처럼 굳힌 블러드 푸딩은 버터를 두른 팬에 구워서 주로 링곤베리잼을 곁들여 먹는다고 한다.

칠면조 Turkey
다른 육류에 비해 단백질 함량이 많고 단백질 구성 요소인 아미노산으로 글루타민산, 아르기닌, 튜신, 타이신 등이 많다. 지방이 쇠고기처럼 근육 속에 섞여 있지 않기 때문에 맛이 담백하고 소화 흡수가 잘된다. 지방의 녹는점이 31~32℃로 낮은 온도에서도 흡수력이 좋다. 가금류, 축산류 중 콜레스테롤 함량이 가장 낮으며, 육류 중 칼로리 함량이 매우 낮다. 북유럽에서는 크리스마스에 메인 요리로 자주 사용한다.

양고기 Lamb
노르웨이에선 가을에 양고기를 양배추와 함께 조린 포리콜Fårikål을 즐겨 먹는다. 노르웨이의 야생 양 빌사우Villsau는 야외에서 마음대로 돌아다니며 사철 내내 야생 풀, 허브, 관목, 심지어 해초까지 먹는 식습관을 가지고 있다. 이 덕분에 빌사우 양은 아주 독특한 풍미를 가진다. 빌사우 양의 고기는 종종 북유럽의 전통 별미인 피네쾨트Pinnekjøtt나 페날라르Fenalår에 쓰인다. 피네쾨트는 소금에 절여 말린 양갈비를 자작나무 가지 위에서 찐 음식이며, 페날라르는 소금에 절인 양다리다. 둘 다 전통적으로 크리스마스 때 먹는다.

세계의 식재료
: 스페인

●
Meats

초리조 Chorizo
햄을 만들고 남은 돼지고기를 잘게 다져 마늘, 칠리파우더, 소금, 후추, 피망, 기타 향신료 등을 섞어 양념한 뒤 건조하거나 혹은 훈연해 저장이 가능하게 만든 소시지다. 건조와 저장의 과정을 거치며 약간의 발효가 일어나 신맛이 나고 매콤하다.

하몽 Jamon
훈제하지 않고 소금에 절여 건조시킨 생햄이다. 도토리를 먹고 자란 이베리아 종의 흑돼지 뒷다리로 만든 하몽은 종이처럼 얇게 썰어 멜론이나 무화과와 같은 과일을 곁들여 먹는다. 종류와 생산 지역에 따라 '하몽 이베리코'와 '하몽 세라노'로 나뉜다.

살치차 Salchicha
가는 창자에 소금, 고추 등으로 양념한 다진 돼지고기를 넣은 것으로, 우리나라의 순대와 비슷하다. 훈연해 만들었기 때문에 고기 특유의 맛이 그대로 살아 있다.

살치촌 Salchichon
살치촌 데 비크Salchichon de Vic라 불리며, 통후추가 박혀 있고 맛이 강한 소시지다. 돼지고기 살코기에 등 부위 베이컨을 섞어 소금과 후추로 양념한 뒤 최소 48시간 숙성시켜 수퇘지 창자로 만든 외피에 넣은 다음 특유의 향미가 생기도록 매달아 건조시킨다.

●
Seafoods

카마론 Camaron
스페인의 남쪽 끝에 위치한 해안 도시 카디스에서 주로 볼 수 있는 작은 새우다. 소금 간 이외의 양념을 하지 않아도 맛있어 길거리에서도 쉽게 사 먹을 수 있다.

정어리 Sardines
뼈가 말랑말랑하고 은빛이 도는 정어리. 엑스트라 버진 올리브오일에 절여 통조림으로 만들어 보관해두고 먹거나, 신선할 때 석쇠에 구워 가볍게 양념해서 먹는다.

앤초비 Anchovies
멸치와 흡사한 모양의 생선이다. 소금에 절여 소스를 만들 때 사용하기도 하고, 마늘과 올리브유에 절인 보케로네스Boquerones를 만들어 와인을 마실 때 곁들여 먹기도 한다.

오징어 Squid
오징어는 스페인 요리에 다양하게 사용된다. 오징어 먹물 또한 독특한 맛과 색을 가지고 있어 소스를 만들거나 요리에도 많이 사용한다. 카탈루냐 지방에서는 밥과 파스타에 많이 쓰이는데 특히 검은쌀 요리인 아로즈네그로Arroz Negro가 대표적이다.

모하마 Mojama
참치의 허릿살을 깨끗하게 씻어 소금에 절인 뒤 물에 헹군 다음 지중해의 태양과 공기에 말린 것이다. 적갈색을 띠며 생선의 풍미가 독특하다. 올리브유와 잘 어울리며 굉장히 얇게 썰어 다진 토마토와 아몬드를 함께 곁들여 먹는다.

바칼라오 Bacalao
소금에 절여 말린 대구를 말한다. 스페인에서는 대구잡이로 유명한 바스크 지방의 명물이다. 요리에 사용할 때는 최소 36시간 이상 물에 담가 소금기를 빼야 하기 때문에 많은 시간과 정성이 필요하다.

문어 Octopus
해산물이 풍부한 갈라시아 지방의 대표적인 명물인 문어. '풀포 아 라 가예가Polpo a La Gallega'라는 요리는 '갈라시아의 문어'라는 뜻으로 삶은 문어에 소금, 올리브유, 파프리카 가루를 뿌려 먹는다. 스페인 전역에서 쉽게 볼 수 있는 음식이다.

새우 Shrimp
어떤 나라를 가도 사랑받는 식재료이며 스페인의 대표적인 요리에도 빠지지 않고 등장한다. 타파스, 까수엘라라는 냄비 요리나 핀초스라는 꼬치 요리 등 새우를 이용한 다양한 스페인 요리가 있다.

카쏜 Cazon
대서양에서 주로 잡히는 상어와 흡사한 모양의 생선이다. 쫄깃하고 탱탱한 생선살이 일품이며 아귀와 비슷한 맛을 보인다. 스페인에서는 튀김옷을 얇게 입혀 바삭하게 튀겨낸 후 소금을 뿌린 토마토와 레몬을 곁들여 먹는다.

Cheeses

마토 Mato
소나 염소의 젖으로 만든 치즈다. 소금이 전혀 들어가지 않은 카탈루냐 지방의 순수 치즈로 리코타치즈와 비슷한 질감을 가졌다. 마토 치즈는 주로 꿀을 곁들여 디저트로 이용되고 있으며 몬트세라트 산에서 만든 것이 가장 유명하다.

만체고 Manchego
만체가에서 사육하는 태어난 지 약 60일에서 2년 정도 된 양들의 젖으로 만든 치즈로 돈키호테의 무대가 되었던 풍차의 황무지 라만차 지방의 특산물이다. 스페인 내륙 지방의 치즈로 딱딱하고 맛이 진해 유럽의 치즈들과는 다르다. 만체고 치즈는 숙성 기간에 따라 종류가 나뉘고 맛도 다르다.

케소 아술 Queso Azul
익히 알고 있는 푸른곰팡이 치즈의 일종으로 갈라시아 지방에서 유명하다. 푸르스름한 곰팡이가 치즈결을 따라 보이는 특징을 가지고 있다.

이디아사발 Idiazabal
저온 살균을 하지 않은 양젖으로 만든 가공 치즈다. 스페인의 바스크 지방과 나바라에서 사육하는 라차 품종과 카란사나 품종의 양젖을 사용해 만든다.

Vegetables

토마토 Tomato
부뇰 지방에는 라 토마티나La Tomatina라는 토마토 축제가 있을 만큼 스페인의 주요 농산물이다. 안달루시아 지방에서 가스파초라는 차가운 수프를 만들 때 많이 사용한다.

사프란 Saffron
독특한 향을 가지고 있으며 물에 담가두면 10만 배를 희석해도 노란색을 낼 수 있어 향보다는 색을 낼 목적으로도 요리에 많이 사용한다. 하나의 꽃에서 암술대를 겨우 세 가닥만 얻을 수 있어 수확하기 힘들기 때문에 고가에 판매된다. 스페인의 대표 음식인 빠에야가 매혹적인 노란색을 띠도록 도와주는 향신료다.

올리브 Olive
세계 최대 올리브 생산국으로, 그중에서도 안달루시아 지역은 최고급 올리브 열매가 나는 곳으로 유명하다. 우리나라에서 김치를 먹듯 올리브 열매를 초절임해서 먹기도 하고, 올리브유는 샐러드를 비롯한 모든 음식에 빠지지 않고 사용된다.

아티초크 Artichoke
지중해 연안이 원산지로 꽃으로 피기 이전의 어린 꽃봉오리를 잘라 먹는다. 바르셀로나 사람들이 주로 애피타이저로 많이 먹는데, 소금물에 절여 그릴에 굽거나 튀겨 먹는다. 통조림으로 만들기도 한다.

마늘 Garlic
우리나라만큼이나 음식에 마늘을 많이 사용하는 곳이 스페이이다. 생마늘을 갈아 빵과 함께 먹을 만큼 거리낌이 없고, 대표적인 음식인 빠에야에도 빠지지 않고 들어간다. 또 카탈루냐 지방의 알리올리는 생마늘과 올리브유로 만든 대표적인 소스다.

감자 Potato
감자와 연관된 깊은 역사가 있는 스페인에서는 감자 요리를 즐겨 먹는다. 감자를 가득 채운 오믈렛 요리인 토르띠야 에스파뇰라Tortilla Española와 아주 매운 파프리카를 이용해 만든 감자튀김 파타타스 브라바스Patatas Bravas 등이 있다.

칼솟 Calcot
흰 줄기 부분이 길고 도톰하게 생긴 양파의 일종이다. 태운 음식이 몸에 좋지 않다고 하지만 칼솟은 새까맣게 태워 먹어야 제 맛이다. 숯불에 태운 후 열 보존이 잘되는 기왓장에 수북하게 올려놓고 흰색의 줄기만 쏙 빼서 먹는다.

옹고 Hongo
우리가 알고 있는 포르치노Porcino를 스페인에서는 옹고라고 부른다. 스페인 북부 산세바스티안에서 즐겨 먹는 옹고는 '버섯'을 뜻하는데, 스페인에서는 버섯의 대명사로 불릴 만큼 인기가 좋다.

렌즈콩 Spanish Pardina Lentil
납작하지만 양면이 볼록한 안경 렌즈 모양을 하고 있어 얻은 이름이다. 풍미 있는 견과 맛이 나는 렌즈콩은 샐러드에 그대로 얹어 먹기도 하고 불린 렌즈콩과 감자, 쇠고기, 양파 등을 넣고 렌타하스Lentejas 요리를 만들어 먹기도 한다.

세계의 식재료
: 이탈리아

● **Vegetables**

루콜라 Rucola
지중해산 에루카속의 1년초로 이탈리아 요리에 많이 쓰인다. 루콜라는 프랑스어로 로켓Rocket, 영어로는 아루굴라Arugula라고 한다. 맛이 고소하고 쌉싸래하며 머스터드와 같이 톡 쏘는 매운 향이 특징이다. 맛이 순한 채소와 섞어 샐러드로 먹거나 파르메산치즈와 함께 먹으면 좋다.

카르둔 Cardoon
지중해 연안의 여러 나라에서 수천 년간 즐겨 먹은 식물이다. 카르둔은 대부분 셀러리 식물과 유사한 형태로 재배한다. 셀러리와는 달리 날로 먹기에는 쓰지만 익혀 먹으면 부드러워지고 섬세한 풍미를 얻을 수 있다. 이탈리아 북부에서는 올리브유, 안초비, 버터로 만든 바냐 카우다Bagna Cauda라는 뜨거운 딥 요리에 함께 낸다.

트레비소 Treviso
국화과 쌈바귀속의 이탈리아 채소로 적치콘이라고도 한다. 이탈리아의 트레비소Treviso 지방에서 많이 재배된다고 하여 이름이 붙여졌다. 쓴맛을 내는 성분인 인티빈Intybin이 들어 있어 소화를 촉진시키고 혈관계를 튼튼하게 해주며 당뇨에도 효과가 있다. 양배추보다 연한 잎을 가지고 있으며 은은한 쓴맛과 아삭아삭 씹히는 맛이 특징이다. 약간 쓴맛이 나는 채소들과 함께 샐러드에 이용되며 쌈채소로도 먹는다.

바질 Basil
'왕'이라는 뜻의 그리스어 '바실레우스Basileus'에서 온 바질. 왕궁에 어울릴 만큼 향이 훌륭해 왕실의 약물, 고약 등으로 쓰였다. 잎은 향긋하고 상큼한 향에 약간 매운맛이 난다. 잎과 줄기 모두 요리에 사용할 수 있다. 토마토소스를 만드는 마지막 단계에 바질을 잘게 다져서 넣으면 해물의 비린내를 제거해 더욱 담백한 맛을 낼 수 있다. 이탈리아 리구리아Liguria주에서 생산되는 바질이 가장 품질이 좋다.

산 마르차노 토마토 San Marzano Tomato
가공용 토마토 중 최고품이라 일컬어지는 산 마르차노. 이탈리아 나폴리 근처에 있는 베수비오산Monte Vesuvio의 화산분지에서 재배되는 토마토다. 베수비오의 산기슭 같은 착산질의 토양은 미네랄이 풍부해서 이곳에서 자라는 토마토는 땅에서는 기름진 영양분을, 하늘에서는 뜨거운 태양을 맘껏 흡수해 더할 나위 없이 풍부한 맛을 탄생시킨다. 단맛과 신맛의 조화가 뛰어나며 열을 가하면 최고의 맛을 발휘한다.

세이지 Sage
꿀풀과의 여러해살이풀로 풍미가 강하고 약간 쌉쌀한 맛이 난다. 세이지는 '건강하다' 또는 '치료하다'라는 뜻에서 유래한 말이다. 요리에는 주로 잎과 부드러운 줄기가 사용된다. 일반적으로 사용하는 트리컬러 세이지Tricolor Sage는 요리 재료로 가장 많이 쓰이는 종으로 향이 좋으며 자극적인 맛을 낸다. 세이지는 치즈, 소시지, 가금류 요리에 사용되는데 향이 너무 강해 요리의 다른 맛들이 제대로 살아나지 않을 수 있기 때문에 극소량만 사용한다.

마조란 Marjoram
이탈리아 요리와 육류 요리에서 빼놓을 수 없는 중요한 향신료다. 소시지, 샐러드, 생선 요리, 수프 등에 이용하며 잎에는 철분, 칼슘, 비타민 A와 C가 들어 있다. 특히 식물의 산화를 방지해주며 타임 등과 함께 양고기, 오리고기 등의 요리 냄새를 제거하는 데 많이 사용된다.

펜넬 Fennel
유럽과 아시아에서 자라는 회향풀의 일종으로 향기가 딜Dill과 비슷하다. 줄기는 요리에 이용하고 씨는 향신료로 쓰인다. 생선 요리의 비린내 제거와 기름기를 중화시키는 데 이용된다. 가느다란 뿌리와 굵은 뿌리 모두 먹을 수 있고 줄기, 잎, 노란 꽃 그리고 씨까지 모든 부분을 식용으로 쓸 수 있다.

세이보리 Savory
세이보리는 타임이나 마조람, 로즈메리 등에 못지않은 좋은 향기와 자극적인 매운맛을 내는 향미식물이다. 유럽에 후추가 전파되기 전에 육류의 누린내를 없애는 데 사용되었다. 지금도 후추 대용으로 많이 사용되어 '후추 허브'라는 별명이 따라다니기도 한다. 이탈리아에서 오레가노, 타임, 로즈메리 등과 함께 섞어 허브 블렌드를 만들기도 한다.

롤라로사 Lolla Rossa
원산지가 이탈리아인 채소로 로사Rossa는 이탈리아어로 '장미처럼 붉다'는 뜻이다. 적색계를 롤라로사라 하고, 녹색계는 로사라고 부르기도 한다. 잎의 중심부는 녹색이고 끝은 밝은 적갈색을 띠며 매우 곱슬곱슬한 모양을 하고 있다. 신진대사 작용을 촉진해주고 감기와 기관지 치료, 해열 효과도 있다.

오레가노 Oregano
지중해 음식에 널리 쓰이며 향이 좋고 치면 효과가 뛰어나다. 꽃은 흰색이나 분홍색으로 식용이 가능하고, 잎은 감촉이 부드러우며 샐러드와 파스타에 넣는다. 바비큐를 할 때는 강한 매운맛과 나무 향을 내기 위해 가루로 만들어 뿌리기도 한다. 지나치게 많이 사용하면 요리 본연의 맛과 향을 잃기 때문에 주재료가 강한 맛을 내는 요리에 사용하는 것이 좋다.

Cheeses

모차렐라 Mozzarella

이탈리아가 원산지인 치즈로 지금은 세계적으로 가장 많이 먹는다. 다른 치즈와 달리 늘어나는 성격이 굉장히 강한데 이것은 스트레칭이라는 제조 과정을 거치기 때문이다. 수분 함유량이 높아서 매우 연하다. 원래 물소젖으로 만드는데 수요량이 증가함에 따라 점차 우유를 이용해서 만들기도 하며 현재 여러 나라에서 생산되고 있다.

리코타 Ricotta

유청을 원료로 하여 만든 이탈리아 치즈다. 리코타는 '두 번 데웠다'는 뜻을 가진 이탈리아어로 이는 리코타치즈가 만들어지는 과정을 말해주고 있다. 치즈를 만들기 위해 우유를 데우는 것이 첫 번째 과정이고 리코타치즈를 만들기 위해 모아진 유청을 데우는 것이 두 번째 과정이다. 트렌티노알토아디제Trentino-Alto Adige주에서는 뇨키를 요리할 때 감자 대신 리코타치즈를 넣어 조리하기도 한다.

파르미지아노 레지아노 Parmigiano Reggiano

이탈리아에서 치즈의 왕으로 불리며, 가열하고 압착해 커드를 만들어 보통 2~3년 숙성시킨다. 이 치즈는 수분 함량이 매우 적은 것이 특징인데 우유를 발효시킨 후 원통 모양으로 만들어 숙성시켜 만든다. 단단한 형태로 만들어지므로 대개 잘게 쪼개어 먹거나 가루 형태로 만들어 먹는다.

그라나파다노 Grana Padano

파르메산치즈와 사촌 격인 그라나파다노치즈는 1150~1200년대에 많은 치즈 제조업자들이 만들기 시작했으며 1477년에 이르러 이탈리아에서 가장 유명한 치즈로 이름을 알리게 되었다. 보통 전날 저녁에 짠 우유와 당일 아침에 짠 우유를 합해 치즈를 만든다. 그라나파다노치즈는 원산지 명칭 보호를 받으며, 이에 따라 생산 지역은 에밀리아로마냐Emilia-Romagna, 롬바르디아Lombardia, 베네토Veneto, 피에몬테Piemonte 4개 주로 제한된다.

고르곤졸라 Gorgonzola

곰팡이로 만든 이탈리아의 대표적인 소프트 치즈. 겉은 상아색으로 녹색의 가느다란 줄무늬가 있으며 짭짤하고 자극적인 맛이 난다. 소젖으로 만들고 숙성된 제품의 표면에는 적색에서 오렌지색에 가까운 껍질로 덮인다. 안쪽은 푸른곰팡이에 의해 회색과 푸른색이 섞인 색을 띤다.

Meats

살라미 Salami

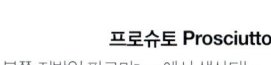

이탈리아식 드라이 소시지. 쇠고기와 돼지고기의 등심살에 돼지기름을 넣고 소금과 향신료를 넉넉히 넣어 간을 세게 한 다음 럼주를 뿌려 건조시킨다. 훈연법을 쓰지 않고 저온에서 장시간에 걸쳐 건조시켜 매달아놓으면 2년쯤은 충분히봐서 보존할 수 있다. 단단하게 굳은 것보다는 만져봐서 탄력이 있는 것이 맛이 좋다. 얇게 썰어서 카나페의 재료로, 또는 술안주로 즐겨 쓴다.

판체타 Pancetta

이탈리아 전역에서 생산된다. 돼지의 뱃살을 소금에 절인 뒤 만들고자 하는 판체타의 종류와 중량에 따라 8~15일간 그대로 둔다. 자연적인 풍미를 돋우기 위해 소금에 다양한 향신료를 섞어 만든다. 전통적으로 돌돌 말아서 팔지만 때로는 펼쳐서 팔기도 한다.

프로슈토 Prosciutto

이탈리아의 북쪽 지방인 파르마Parma에서 생산되는 햄이다. 밤과 유장을 먹여 사육한 파르마 지역의 돼지고기는 붉은 갈색을 띠며 단단하고 밀도가 조밀하다. 양념해서 소금 처리를 한 다음 공기 중에 숙성시키며 훈제는 하지 않는다. 주로 얇게 썰어 애피타이저로 제공한다. 햄의 껍질은 수프의 맛을 내는 데 쓰이기도 한다.

세계의 식재료
: 인도

Spices

카더몬 Cadamon
소두구라고도 불리며 생강과에 속하는 열매를 건조한 것으로 크게 블랙 카더몬과 그린 카더몬으로 나뉜다. 옛날부터 인도에서는 향신료와 의약품으로 사용되었다. 맛은 생강처럼 맵고 약간 쓰며 끝에 살짝 단맛이 난다. 인도에서는 카레와 인도의 전통 치인 차이에 빼놓을 수 없는 재료로 맵싸한 맛을 낸다.

생강 Ginger
세계에서 가장 널리 알려진 향신료 중 하나로 알싸하고 매콤한 맛과 톡 쏘는 상쾌한 나무 향이 특징이다. 2000년 전 중국에서 처음 약초로 소개되어 육류나 생선의 비린내를 없애는 데 쓰이며 빵과 케이크, 비스킷, 잼 등 디저트 요리에도 사용한다.

시나몬 Cinnamon
후추, 클로브와 함께 세계 3대 향신료로 불린다. 나무에서 새로 나온 연한 가지의 연한 껍질을 말려서 만드는데, 전 세계적으로 종류가 다양하다. 청량감이라고 표현하는 특유의 향과 달콤함에 동서양의 모든 요리에 사용된다. 시나몬의 진한 향을 느끼고 싶다면, 맛과 향이 금방 날아가는 가루 형태보다는 막대 상태로 구입하는 것이 좋다.

타마린드 Tamarind
인도의 수많은 종류의 카레와 처트니에 대부분 들어가며 피클과 병조림으로도 만든다. 잘 익은 타마린드는 우리나라의 곶감과 비슷한 색과 맛이 나며 과실의 새콤달콤함을 느낄 수 있다. 인도에서는 짭짤한 음식과 달콤한 음식에 모두 쓸 수 있는 몇 안 되는 재료 중 하나다.

사프란 Saffron
세계에서 가장 비싼 향신료다. 꽃 한 송이에서 사프란을 채취할 수 있는 양이 적을뿐더러 모든 과정을 수작업으로 진행하기 때문에 금값만큼 비싸다는 말이 나오기도 한다. 사프란은 강한 노란색으로 독특한 향과 쓴맛, 단맛을 낸다. 사프란을 사용한 파에야, 부야베스, 밀라노 스타일 리조또 등은 쌉싸래한 맛으로 풍부한 금빛을 띤다.

넛맥 & 메이스 Nutmeg & Mace
육두구 나무에는 살구처럼 생긴 열매가 열리는데 이 열매의 씨와 씨껍질 부분을 향신료로 이용한다. 열매의 씨가 넛맥이고, 씨를 감싸는 그물 모양의 껍질이 메이스다. 메이스는 건조 정도에 따라 빨간색에서 갈색, 오렌지색으로 점차 변한다. 넛맥과 메이스는 비슷한 향과 맛이 나는데, 메이스가 넛맥보다 자극성이나 단맛, 쓴맛이 덜하며 부드럽고 강한 향이 난다. 넛맥은 주로 달콤한 요리에 쓰이는 반면 메이스는 고기, 생선 요리의 잡냄새를 없애고 풍미를 더하기 위해 쓰인다.

코리앤더 Coriander
세계 각국에서 폭넓게 사용하며 특히 태국과 인도, 중국, 유럽에서 많이 사용하나 특유의 향 때문에 호불호가 강하게 나뉜다. 잎부터 뿌리까지 모든 부분이 식용 가능하며 잎은 얼얼한 향을 가지고 있고, 말린 씨는 달콤하고 매운 감귤 맛과 향을 낸다. 동남아시아 지역에서는 생으로 많이 사용하며 서양에서는 씨앗을 많이 사용한다.

카레잎 Curry leaves
인도가 원산지인 카레나무는 인도 남부 지역에서 많이 재배한다. 집집마다 적어도 한 그루의 카레나무를 키우며, 잎을 따서 그날의 밥상에 올릴 음식에 사용할 정도로 중요하고 자주 사용하는 향신료다. 월계수잎과 비슷한 모양으로 밝은 녹색을 띠며 감귤처럼 향긋한 향이 난다.

암추르 Amchur
덜 익은 망고인 그린 망고를 수확해 과육을 햇볕에 말려 만든 인도의 향신료다. 인도의 재래시장에서 그린 망고를 말려 곱게 갈아놓은 것을 쉽게 볼 수 있다. '망고가루'라고 하며 새콤한 향미 덕분에 남아시아와 동남아시아에서 인기가 높고 음식에 신맛을 내거나 고기의 육질을 연하게 할 때 사용한다.

롱 블랙 페퍼 Long black pepper
인도를 포함한 아시아에서 주로 사용하는 향신료다. 피클이나 오래 조리하는 스튜 등의 요리를 할 때 사용한다. 달콤하고 고소한 향이 나며 첫맛은 후추와 비슷하지만 뒷맛은 넛맥과 시나몬처럼 맵싸한 진한 향과 함께 혀가 얼얼한 정도로 자극이 강하다. 블렌더에 갈아 후추 대용으로 사용하기도 한다.

팔각 Star anise
이름에서도 쉽게 알 수 있듯이, 8개의 꼭짓점이 단단한 껍질로 싸여 있는 모양이 별을 닮아 스타아니스라고 부른다. 마른 열매의 형태인 팔각은 붉은 갈색을 띠는데 통째로 사용하거나 갈아서 사용한다. 강하고 독특한 향은 요리 재료의 잡내를 없애 중국음식의 필수 향신료로 고기 요리에 많이 사용한다.

머스터드 시드 Mustard seed
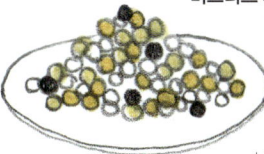
머스터드 시드는 화이트, 브라운, 블랙으로 나뉜다. 화이트 머스터드 시드는 매운맛이 약하며 단맛이 강하고 브라운 머스터드 시드는 화이트 시드보다 맵고 약간 쓴맛이 난다. 블랙 머스터드 시드는 씨앗 중 가장 작으며 가장 매운맛을 낸다. 일반적으로 많이 사용하는 머스터드소스는 맛이 연한 화이트 머스터드 시드에 강황가루를 넣어 노란색을 띠며, 디종 머스터드는 브라운 또는 블랙 머스터드 시드를 넣어 만들어 맛이 강하다.

니젤라 Nigella
흑종초라고도 불리는 식물로 아시아와 중동 지역에서 재배한다. 인도, 이집트, 그리스 및 중동 지역에서는 니젤라의 씨를 건조해 통으로 또는 으깨서 향신료로 사용한다. 딸기향이 나는 것이 특징이며 넛맥과 같이 맵싸한 맛이 나고 살짝 볶으면 그 향이 더 풍부해진다.

아나르다나 Anardana
석류의 씨를 꾸덕하게 말린 향신료다. 끈적한 씨 덩어리를 모아 통째로 사용하기도 하지만 주로 가루를 내어 카레나 처트니, 향신료에 넣어 신맛을 낸다. 보통 가정에서 햇볕에 석류를 직접 말려서 만든다.

아사푀티다 Asafoetida
인도 이외에는 거의 알려지지 않은 향신료로 인도 들판에서 자라는 회향풀과 같은 식물의 수액을 채취해 얻는다. 꽃이 피기 직전 줄기를 잘라 수액을 채집해 딱딱하게 굳힌 덩어리는 아주 고약한 악취, 유황 냄새를 풍긴다. 인도와 동남아시아 음식에서 부재료로 쓰이는데 일반적으로는 가루를 내어 사용한다. 인도 셰프들 사이에서는 힝Hing 가루로 더 잘 알려져 있다. 요리에 넣으면 아주 강한 양파나 마늘 맛이 나 조금씩 사용해야 한다.

강황 Turmeric
신선한 강황은 머스터드와 비슷한 톡 쏘는 강렬한 맛이 나며, 살짝 후추 향이 난다. 말린 강황 역시 같은 풍미를 지녔지만, 시간이 지나면서 맛과 향이 점차 약해진다. 강황의 뿌리는 연한 주황색을 띠며 톡 쏘는 냄새가 날 때 가장 좋은 상태다. 인도에서는 대부분 요리에 신선한 강황을 향신료로 사용하고, 치료 목적의 약으로도 오래 전부터 시용해왔다.

파피 시드 Poppy seed
깨보다도 작은 입자를 지닌 파피 시드 즉 양귀비 씨는 씹을 때마다 톡톡 터지는 식감 때문에 다양한 조리법으로 많이 사용하는 향신료다. 인도산 파피 시드는 노란 크림색이고, 터키산은 갈색, 유럽산은 회색을 띤다. 까맣게 익은 씨는 빵이나 케이크에 많이 이용하고, 인도에서는 주로 고기나 생선 요리에 사용한다. 견과류 맛이 나기 때문에 다양한 향신료와 섞어 풍부한 맛을 즐기는 소스류에 많이 쓰인다.

월계수잎 Bay leaves
월계수잎의 알싸하고 향긋한 향은 식욕을 자극하며 입맛을 돋워 서양 요리 대부분의 육수와 소스에 이용된다. 월계수잎은 생잎을 그대로 건조해 향신료로 사용한다. 생잎을 그대로 사용하면 약간의 쓴맛이 있지만 건조하면 쓴맛은 사라지고 단맛과 함께 향긋한 향이 나기 때문이다. 월계수잎의 특유의 향은 육류의 냄새를 제거하는 데 딱이다.

커민 Cumin

다른 향신료의 향을 모두 감출 정도로 강하면서 톡 쏘는 자극적인 향과 매운맛이 특징이다. 씨와 가루의 형태로 사용하는데, 씨는 납작하고 길쭉한 타원 모양을 하고 있으며, 가루는 향이 금방 날아가기 때문에 적은 양을 구입하는 것이 좋다.

캐러웨이 시드 Caraway seed
유럽과 아시아, 아프리카 등지에서 대규모로 재배되는 대표적인 허브다. 그대로 사용하거나 살짝 부수어 쓰기도 하는데 주로 음식의 단맛을 내기 위해 넣는다. 톡 쏘는 향과 달콤하고 쌉싸래한 맛으로 인도의 기본 양념 마살라Masala에 빠지지 않고 들어가며 케이크, 빵, 쿠키를 만들 때에도 사용한다.

아조완 Ajowan
인도에서 널리 사용하는 향신료 중 하나로 커민 씨와 매우 흡사한 모양의 열매는 특유의 털 같은 '꼬리'가 달려 있다. 열매는 베이지색에서 갈색으로 변하며, 신선한 것은 살짝 녹색을 띤다. 타임과 같은 맛이 강해 음식에 넣을 때는 씨앗을 바로 사용하지 않고 볶거나 튀겨서 사용하는데, 한 번 불에 닿으면 맛과 향이 훨씬 부드러워진다.

페누그릭 Fenugreek
인도에서 약용 또는 식용으로 쓰이는데 씨에 들어 있는 정유*의 여러 성분이 따뜻한 성질을 가지고 있고 독이 없어서 요리에 흔히 쓰이는 식재료 중 하나다. 페누그릭은 세 가지 용도로 사용하는데 말린 잎은 허브, 씨는 향신료, 신선한 잎과 새싹은 채소로 이용한다. 주로 씨앗 또는 가루 형태로 각종 요리 및 카레, 처트니, 소스에 사용한다.

*정유는 식물의 잎, 줄기, 열매, 꽃, 뿌리에서 얻는 향기로운 휘발성 기름이다.

펜넬 시드 Fennel seed

달콤하고 상큼한 맛이 나 생선의 비린내, 육류의 느끼함과 누린내를 없애고 맛을 돋운다. 요리에 사용하기 전 마른 팬에 볶으면 단맛이 나와 펜넬 시드의 풍부한 향을 느낄 수 있다. 인도에서는 사운프Saunf라고 부르며, 식후에 입 안을 상쾌하게 하기 위해 펜넬 시드를 씹기도 한다.

세계의 식재료
: 일본

Seafoods

전갱이 あじ 아지
일본 규슈의 특산물로 유명하다. 고등어보다 순한 맛을 가진 덕분에 일본 전역에서 사랑받는다. 태평양의 강한 조류에서 헤엄치기 때문에 근육 함량이 높고, 지방 함량이 낮다. 사시미로 먹기도 하며 깨끗이 씻어 식초에 절여두었다 먹기도 한다.

고등어 さば 사바
오메가-3 지방산의 대표 식품인 고등어. 우리나라를 비롯해 중국, 일본에서도 쉽게 볼 수 있는 생선이다. 사바미소さばみそ는 미소 된장을 이용해 만든 일종의 고등어조림으로, 가정식 반찬으로 즐겨 먹는다. 신선한 고등어는 익히지 않고 회로 먹기도 하고, 소금에 충분히 절인 후 식초에 담가 숙성시켜 시메사바しめさば로 먹기도 한다.

정어리 いわし 이와시
뼈와 살이 부드러운 정어리는 2월이면 알이 꽉 차 최상의 맛을 선사한다. 뼈를 발라내지 않고 통째로 구이를 해 먹는 것이 일반적이다. 정어리와 연관이 있는 풍습은 히이라기이와시ひいらぎいわし: 입춘이 다가오면 호랑가시나무 가지에 구운 정어리를 통째로 또는 머리만 떼어 현관이 걸어두는데, 정어리의 냄새를 풍겨 나쁜 기운을 쫓아낸다고 믿는다.

성게 うに 우니
껍질에 많은 가시가 있으며, 우리가 먹는 부위는 산란기의 난소다. 어획하는 시기에 따라 맛과 색이 조금씩 다르다. 붉은색의 알은 단맛이 있어 간장에 찍어 회로 먹고, 담백한 맛을 내는 흰색 알은 쪄서 밥에 비벼 먹기도 한다. 손질이나 보관이 어려움에도 불구하고 감칠맛과 향 때문에 고급 초밥 재료로 많이 사용된다.

문어 たこ 타코
히마카지마 주변에서 어패류를 이용한 다양한 요리를 볼 수 있는데, 그중 문어를 이용한 구이나 밥, 초회 등이 유명하다. 또 문어는 오사카 지방의 대표적인 간식인 타코야끼たこやき의 주재료다. 질긴 문어를 부드럽게 먹기 위해 무를 함께 넣고 삶는 것이 일본식 조리법이다.

도미 たい 타이
흰 색 살과 담백한 맛을 내는 도미는 뼈가 굵어 살과 분리하기 쉽다. 불고기의 색에 따라 참돔, 붉돔, 흑돔, 황돔 등으로 나뉘는데 그중 참돔을 최고로 친다. 도미는 고급 어종이지만 일본인들에게 친숙한 생선이고, 머리부터 꼬리까지 버릴 것이 없다. 사시미는 물론 초밥, 구이, 조림, 지리 등 다양하게 먹을 수 있다. 가정식 반찬으로 무와 간장을 넣고 졸인 타이노니츠케タイの煮付け를 만들어 먹기도 한다.

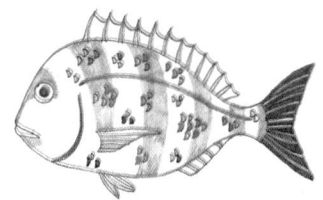

오징어 いか 이카
일본에는 아오리오징어, 한치, 갑오징어, 살오징어 등 오징어 종류가 다양하다 얕은 바다에서 깊은 바다까지 폭넓게 분포해 있다. 오징어는 값이 저렴하면서 맛도 좋은 어종으로 꼽힌다. 특히 일본 후쿠오카 지역의 오징어회는 초밥만큼이나 장인 정신이 묻어나는 음식이다. 살아 있는 오징어 위에 머리부분을 종잇장처럼 얇은 회로 떠서 가지런히 올리고, 회를 먹고 나면 다리 부분은 튀김이나 소금구이로 만들어 먹는다.

가리비 ほたてがい 호타테가이
일본 아오모리あおもり 지역의 가리비가 가장 유명하다. 이곳의 가리비는 비린 맛이 전혀 없고, 감칠맛과 함께 단맛이 나는 특징을 가진다. 가운데에 있는 커다란 기둥인 관자를 생으로 조리하거나 건조해 먹기도 한다.

붕장어 あなご 아나고
바다의 장어라고 불리며 담백하면서 달달한 맛을 내는 특징이 있다. 뱀장어처럼 혈액 독이 있을 수 있어 회를 떠서 조리를 해서 먹는 것이 안전하다. 간장 소스를 발라 구운 후 덮밥을 만들어 먹기도 하지만, 잔가시가 많아 구이보다는 찜이나 탕으로 끓여 부드럽게 만들어 먹으면 더 좋다.

Vegetables

자고 くわい 쿠와이
우리나라에서는 소귀나물이라는 이름으로 불린다. 겨울철에 나는 것이 별미로 외피가 청색을 띠며, 흰색은 쓴맛이 강하다. 동그란 뿌리를 먹는 식재료로 찜으로 먹기도 하고 조림으로 이용하기도 한다. 연말에 먹는 오세치 요리おせち料理에 자주 쓰이는 재료 중 하나다.

유채 なのはな 나노하나
씹을수록 달콤 쌉싸래한 맛이 나는 특징을 가진 유채는 꽃이 피기 전인 3월에서 4월에 먹는 것이 제일 좋다. 소금에 절여 먹는 것을 시오쓰케しおづけ라고 하는데, 유채를 시오쓰케한 것을 하나쓰케はなづけ라고 부른다.

양배추 キャベツ 캬베즈
식이섬유가 많아 위와 장에 좋은 건강식품으로 알려져있다. 샐러드나 샌드위치에 사용하거나 우리나라의 전과 닮은 일본의 전통 음식인 오코노미야키おこのみやき를 만들 때 절대로 빠질 수 없는 재료다.

순무 かぶ 카부
보통 사람들의 주먹만 한 크기다. 색은 흰색도 있지만 적색이나 자색을 띠는 것도 있다. 주로 조림을 해 먹는데, 단맛이 많아 생으로 먹어도 손색이 없다.

오크라 オクラ
아열대 채소인 오크라는 여자의 손가락을 닮아 레이디 핑거라는 별명도 가지고 있다. 끈적한 점질 때문에 일본에서는 낫토나 마와 같이 네바네바ねばねば(끈적한 음식을 나타내는 말) 식품군에 들어간다. 초여름부터 초가을이 제철인 오크라는 살짝 데쳐서 초무침이나 샐러드로 즐겨 먹는다.

양하 みょうが 묘우가
분홍색의 통통한 어린 꽃봉오리를 피어나기 전에 꺾어 얻는다. 양하는 아삭하고 즙이 많으며 셀러리처럼 씹히는 맛과 쌉쌀한 맛이 특징이다. 곱게 썰어 샐러드나 맑은 국에 곁들인다. 또 꽃봉오리는 물론 줄기까지 사용해 묘가타케みょうがたけ라는 절임을 만들어 먹기도 한다.

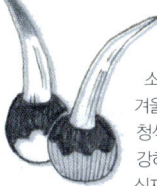

매실 うめ 우메
노랗게 익은 매실을 소금에 절여 일본의 대표 절임 식품인 우메보시를 만든다. 매실을 그늘에서 말리고 절이는 과정을 반복하면 독특한 향과 풍미가 생겨 그 자체만으로도 훌륭한 반찬이 된다. 우메보시는 우리나라의 김치와 같은 존재로, 일본의 밥상에 꼭 오른다.

락쿄 らっきょう 락쿄우
생긴 것이 쪽파의 뿌리와도 닮은 락쿄는 염교라고도 부른다. 알이 짧고 둥글며 크기가 작고 단단한 것이 좋다. 초절임한 락쿄를 초밥집에서 자주 볼 수 있는데, 생선의 잡내와 나쁜 균을 잡아주는 역할을 한다.

영귤 すだち 스다치
영귤이라고도 부르며 색은 라임과 같이 짙은 초록색을 띠고, 모양은 감귤을 닮았다. 일본 남단 오키나와현에서 재배되는 특산 과일로, 이곳 사람들의 장수 식품 중 하나라고 한다. 비타민 C가 풍부해 새콤하고 상큼한 향이 난다. 생선 요리를 먹을 때 곁들이기도 하고, 즙을 따로 모아 희석해서 음료로 먹을 수 있도록 판매하고 있다.

토란 さといも 사토이모
일본에서 토란은 복을 부르고 장수를 기원하는 의미를 가진 뿌리채소다. 강한 점성과 부드러운 식감이 특징으로 주로 연근, 버섯, 당근 등 다양한 재료와 함께 조림을 해 먹는다. 채소다시조림은 명절 상에 빠지지 않고 오르는 반찬 중 하나다.

경수채 みずな 미즈나
교토가 원산지로 물과 흙만 있어도 자란다. 아삭한 식감 때문에 쌈채소로 이용하기도 하고, 특유의 향은 고기의 누린내를 잡아준다. 오리나 굴 요리뿐만 아니라 조림이나 절임, 전골과 같은 국물 요리에 주로 곁들인다.

순채 じゅんさい 준사이
1000년 이상의 오래된 연못이나 강에서만 자생하는 순채는 봄부터 초여름이 제철이다. 5월 중순부터 나오는 어린잎이 우리가 먹는 부분이다. 녹색빛을 띠며 향기가 좋고 부드러운 맛이 일품이다. 주로 초회나 맑은 국에 넣어 먹는다.

고추냉이 わさび 와사비
16세기부터 재배되기 시작해 일본의 특산품으로 자리 잡았다. 일본 매운맛의 대표주자로 푸른 껍질을 벗겨 뿌리를 생으로 이용하거나 말려서 가루로 사용한다. 신선한 뿌리를 강판에 갈아 쓰면 톡 쏘는 자극적인 향과 맛이 더욱 강화된다. 페이스트 형태의 튜브형 와사비나 가루 와사비를 주로 볼 수 있다.

낫토 なっとう
콩을 발효해 만든 낫토는 우리나라의 청국장과 비슷하다. 날것 그대로 먹을 수 있으며, 끈적끈적한 점액과 독특한 풍미가 있다. 달걀노른자, 파 등을 따뜻한 밥에 얹어 먹는 것이 일본인의 전형적인 아침식사다. 낫토를 맛있게 먹으려면 간장이나 겨자, 고추냉이 소스 등을 곁들여 구운 김에 싸 먹으면 냄새를 잡아 좀 더 부드럽게 먹을 수 있다. 국, 탕, 나물무침 등에 넣어 만들어 먹기도 한다.

산초 さんしょう 산쇼우
어린 잎사귀와 열매를 향신료로 사용하는 산초. 어린 싹은 기노메きのめ라고 하는데 손바닥에 놓고 치면 독특한 향기가 나고, 맑은 국의 고명으로 이용한다. 또 건조 분말은 고나산쇼こなさんしょう라고 하는데 장어구이 위에 뿌려준다.

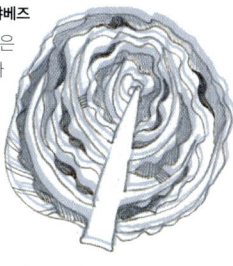

세계의 식재료
: 중국

●
Vegetables

마늘 大蒜 따수완
중국에서 사용하는 향신채 중 빠지지 않고 등장하는 마늘. 알싸한 향과 맛은 육류나 해산물을 요리할 때 살균 효과뿐만 아니라 잡내를 없애 음식의 맛과 향을 돋우는 데 일등공신이다. 중국의 북쪽 지방에서는 마늘 그대로를, 남쪽 지방에서는 마늘의 줄기와 잎을 주로 사용한다.

죽순 竹笋 주슌
죽순은 대나무의 땅속 줄기에서 돋아나는 어리고 연한 싹을 말한다. 4월에서 6월까지 잠깐 동안 좋은 죽순을 구할 수 있으며, 날것은 오래 보관하기 힘들어 통조림으로 만들어 먹는다. 중식당에서 쓰는 말린 죽순을 간슌干笋이라고 하는데, 쌀뜨물에 2일에서 5일 정도 불려 잡내를 없앤 후 요리한다. 죽순의 빗살 모양을 잘 살려 주로 튀김이나 볶음 요리로 먹는다.

청경채 油菜 요우차이
청경채는 중국의 남쪽 지방에서 많이 먹는다. 잎과 줄기가 푸른색을 띠어 청경채라는 이름이 붙었다. 주로 곁들임용 채소로 폭넓게 활용되며, 굴소스에 살짝 볶아서 먹는다. 센불에서 빠르게 조리해야 아삭한 맛을 살려 더욱 맛있게 먹을 수 있다.

양상추 圓生菜 위안성차이
중국어로 치우성차이球生菜, 시성차이西生菜라고도 부르는 양상추는 주로 생식을 하는 채소이지만 기름에 볶아 곁들임용으로도 먹는다. 냉채 요리에 많이 사용하며, 때로는 쇠고기나 돼지고기와 함께 볶아 요리하기도 한다.

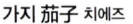

가지 茄子 치에즈
우리나라에서 흔히 볼 수 있는 가지와 비슷하지만 길이가 길고 얇다. 중국에서는 쇠고기와 마늘 그리고 검은콩 소스를 넣고 센불에 볶아서 반찬으로 또는 밥 위에 얹어 비벼 먹는다. 얇은 반죽옷을 입혀 튀겨낸 가지튀김은 술안주로 제격이다.

부추 韭菜 지우차이
부추는 중국에서 오랫동안 재배해온 채소 중 하나이다. 잎과 줄기를 음식에 사용할 수 있음은 물론이고 부추의 씨는 한방에서 구자라고 불리며 약재로 사용되기도 한다. 부추를 조리할 때는 센불에서 살짝 익혀야 질기지 않고 더욱 진한 향을 느낄 수 있다. 겨울이 제철인 부추는 육류나 새우 등의 해산물을 이용한 요리에 곁들여 먹으며, 교자의 속재료로 빠짐없이 등장한다.

생강 生姜 성지앙
중국의 대표적인 향신채 중 하나인 생강은 북쪽 지방의 요리에 주로 사용한다. 우리나라에서 음식을 만들 때 사용하는 것처럼 다져서 또는 채를 썰어 음식에 넣거나, 기름에 잘 볶아 생강의 향을 입힌 생강기름을 만들어 요리하기도 한다.

여주 苦瓜 쿠과
밝은 녹색에 울퉁불퉁한 표면을 가진 여주는 쓴맛이 강해 주로 잘게 다져서 음식을 만들 때 사용한다. 비타멜론이라고도 부르는 여주는 쇠고기, 돼지고기, 닭고기 등 다양한 육류와 검은콩 소스를 함께 곁들여 재료들과 맛의 조화가 잘 이루어지도록 요리한다. 생여주를 어슷하게 썰어 꿀에 찍어 먹기도 한다.

유맥채 油麦菜 요우마이차이
유맥채는 잎이 길고, 상추와 비슷한 맛이 난다. 중국에서는 흔히 볼 수 있는 채소다. 생으로 또는 살짝 데쳐 양념에 찍어 먹기도 하고, 먹기 좋은 크기로 썰어 볶아 먹거나 국을 끓여 먹기도 한다.

브로콜리 西兰花 시란화
서양의 식재료라 의아할 수도 있지만, 외국의 문화를 빠르게 받아들인 광둥 지방의 요리에 주로 사용하는 것을 볼 수 있다. 브로콜리는 열을 가해도 색이 변하지 않기 때문에 기름이나 끓는 물에 살짝 데쳐 다른 요리에 곁들여 먹는 채소로 주로 이용한다.

향채 香菜 샹차이
고수로 알려진 향채는 독특한 향 때문에 호불호가 많이 갈리는 식재료이지만, 중국에서는 가장 좋아하는 향신료로 꼽기도 한다. 향이 강한 고기 요리나 탕 요리에 많이 쓰이고, 음식이 제공될 때 고명으로 올라가기도 한다.

두각 豆角 더우지아오
두각은 강낭콩 줄기를 뜻하는 것으로, 중국에서는 강낭콩 알맹이만 먹는 것이 아니라 줄기까지 그대로 요리해 먹는다. 깨끗하게 씻어 통째로 볶거나 삶는 조리법을 사용한다.

송이버섯 松茸 송룽
송무松芜라고도 부르는 송이버섯은 가을철 버섯의 황제라고 불릴 정도로 귀한 버섯이다. 신선도가 가장 중요한 버섯으로 솔잎과 함께 저장하기도 한다. 요리를 할 때는 송이의 특유의 향이 달아나지 않도록 버섯 주변에 묻은 흙만 살살 털어내거나 밑동만 물에 살짝 헹궈 사용한다.

목이버섯 木耳 무얼
목이버섯은 사람의 귀와 흡사하게 생겨 붙은 이름이다. 고목에 기생하는 버섯으로 색이 검고, 육질이 얇고, 송이가 크고, 부드러우며 잘게 부서지거나 썩지 않아야 좋은 버섯이다. 주로 묽은 죽 형태의 요리에 들어가며, 센불에 볶아 조리한다.

초고버섯 草菇 차오구
여름이 제철인 초고버섯은 중국의 동남부에서 많이 볼 수 있으며, 주로 광동요리에 많이 사용한다. 보통의 버섯 모양과는 조금 다르게 갓이 줄기 전체를 감싸고 있는 생김새를 가지고 있다. 아삭함이 살아 있는 버섯으로, 볶았을 때 가장 맛있다.

Spices

팔각 八角 빠자오
8개의 씨방으로 이루어진 팔각은 별을 닮은 모양 때문에 스타아니스라고도 부른다. 우리가 흔히 알고 있는 오향의 주재료다. 팔각의 향 성분인 아네올anehol이 음식의 향을 돋우는 데 도움을 주고, 오래 끓이거나 고아서 만드는 음식을 만들 때 함께 넣는다.

마초 麻椒 마쟈오
마초는 우리가 산초라고 알고 있는 향신 열매다. 사천후추, 꽃후추라고도 알려져 있으며 중국 사천 지방의 특산물로 꼽히고 있다. 보리 열매처럼 작은 알갱이처럼 생겼지만 그 맛은 먹는 순간 짜릿할 정도로 매운맛을 가지고 있다. 중국식 샤부샤부인 훠궈, 각종 생선이나 육류 요리 등에 다양하게 들어간다.

진피 陈皮 천피
귤 껍질을 말린 것으로 쓰고 매운맛이 난다. 이 또한 오향 중 하나로, 요리에 사용하면 잡내를 없애며 더욱 풍미를 돋운다. 진피가 특히 많이 들어가는 음식으로 진피우육陈皮牛肉과 같은 요리가 유명하다.

etc.

전복 鲍鱼 빠오위
겨울이 제철인 전복은 삭스핀, 해삼, 부레와 함께 중국의 4대 해산물로 꼽는다. 비타민과 미네랄이 풍부해 건강식으로 인정받고 있다. 간바오乾鲍는 전복을 말린 것으로, 마치 곶감처럼 표면에 하얀색 가루가 생기는 것을 볼 수 있다.

해파리 海蜇 하이져
해파리는 95%가 물이고 나머지는 한천질이나 젤라틴이어서 투명한 막처럼 생겼다. 지방이나 당분이 거의 없어 건강식으로 꼽힌다. 해파리는 오징어처럼 갓 부분과 다리 부분으로 나눌 수 있는데, 중국에서는 해파리의 갓 부분을 이용해 주로 전채 요리를 만든다.

해삼 海参 하이션
쥐를 닮아 바다의 쥐라는 뜻에서 해서라는 이름도 가지고 있다. 사용할 수 있는 해삼은 가시가 없는 광삼과 가시가 있는 자삼으로 나뉘며, 건조 상태에 따라 건해삼과 생해삼이 있다. 중국 요리에는 주로 건해삼을 사용하는데, 색이 검으며 가시가 돋고 흠이 없는 것을 최고로 친다.

두부 豆腐 더우푸
중국에서는 두부를 다양한 방법으로 먹는다. 사천 지방에서는 매콤한 소스에 두부를 버무린 마파두부를 먹고, 중국 길거리에서는 삭힌 취두부臭豆腐를 맛볼 수 있다. 또, 동북 지방에서는 두부를 얇게 밀어 말린 건두부로 무침이나 볶음 요리를 해 먹기도 한다. 그 외에 튀겨서 먹는 쨔더우푸炸豆腐나 얼려서 먹는 동더우푸冻豆腐 등이 있다.

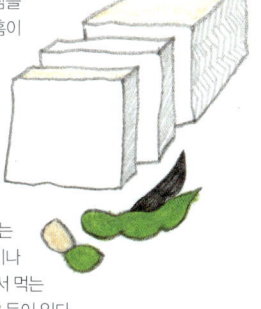

세계의 식재료
: 프랑스

●
Vegetables & Fruits

서양배 Pears
서양배는 한국에서 나는 완전히 둥근 모양의 배와는 조금 다른 모양이다. 프랑스에서는 생과를 먹기보다는 익혀 타르트나 케이크 등을 만들 때 자주 사용한다. 와인에 담가 졸이거나 바닐라빈과 함께 끓여 디저트를 만들기도 한다.

처빌 Chervil
프렌치 파슬리French Parley라는 별명이 있을 만큼 프랑스에서 많이 쓰이며 프랑스의 허브 믹스 중 하나인 파인 허브Fine Herbs에 들어간다. 파슬리보다 섬세한 맛을 가지고 있으며 감초와 아니스의 향이 은은하게 난다. 맛이 튀지 않아 요리에 두루두루 쓰이며, 특히 가금류와 해산물 요리, 봄에 나는 어린 채소 요리에 잘 어울린다.

사과 Apple
사과는 전 세계적으로 7500여 가지 이상의 다양한 종류가 있다. 특히 프랑스가 원산지인 Calville Blanc d'Hiver는 사과 디저트인 타르트 타탱Tarte Tatin을 만들 때 잘 어울린다. 그 외에도 Delblush, Ariane, Delcorf 등 여러 품종의 사과를 먹는다.

포도 Grape
프랑스는 지형적, 기후적으로 포도가 잘 자라는 나라다. 다양한 종류의 포도를 생산하고 있고, 다양한 종류의 포도만큼이나 다양한 종류의 포도 생산품이 있는데 대표적인 것이 바로 와인이다. 과일로 그대로 먹을 때에는 치즈와 곁들이면 조화롭고, 잼이나 젤리로 만들기도 한다.

줄기콩 Baricots Verts
프렌치빈French Bean이라고도 불리는 줄기콩은 다른 종류의 줄기콩에 비해 껍질이 연한 것이 특징이다. 여름이 제철인 줄기콩은 부드럽고 아삭한 식감을 가지고 있으며, 콩을 따로 빼서 먹지 않고 껍질까지 같이 먹는다. 요리를 해도 연한 녹색이 그대로 살아 있다.

차이브 Chive
양파와 비슷한 향이 섬세하게 느껴진다. 유럽과 북미 지역의 산과 들에서 쉽게 볼 수 있는 허브로 프랑스의 허브 믹스인 파인 허브Fine Herbs의 재료 중 하나다. 차이브는 열을 가하지 않아야 향을 제대로 느낄 수 있는데, 요리 마지막에 잘게 다져 뿌리거나 긴 줄기 그대로 얹어낸다.

샬롯 Shallot
샬롯이야 말로 프랑스 요리에서 빠지지 않는 재료이다. 양파와 마늘 중간의 매우면서 알싸한 맛이 나는 게 특징이고, 양파보다 더 달지만 더 섬세한 맛이 난다. 프렌치 그레이 샬롯French Grey Shallot은 프랑스에서 가장 많이 쓰는 종류로 클래식한 프렌치요리에 대부분 들어간다.

마른 샹트렐 버섯 Dried Chanterelle Mushroom
샹트렐 버섯 또는 지롤Girolle 버섯이라고도 불리며 마르기 전에는 살구빛인데 샹트렐이 바로 '살구'라는 뜻이다. 말렸을 때 향이 더 좋으며 고가의 재료다. 과일 향과 견과류 향이 나며 달걀, 닭, 돼지고기 요리에 잘 어울린다.

순무 Turnip
유럽에 감자가 들어오기 전까지 가장 많이 먹는 채소 중 하나였다. 지금도 프랑스 사람들은 매해 평균 1kg 이상의 순무를 먹는다. 흰색 순무와 분홍색 순무 모두 자주 먹고, 잎까지 요리에 사용한다. 전 세계적으로 수프나 스튜를 만들어 먹는 것이 일반적이나 프랑스에서는 브레이즈나 로스트, 소테 요리에 주로 쓰인다.

퓌 렌즈콩 Lentils de Puy
프랑스에서 처음으로 AOC 인증을 받은 콩으로 프랑스 중남부 특정한 지역에서 재배된다. 일반 렌즈콩보다 크기가 작은 이 녹색의 렌즈콩은 기후의 영향으로 껍질이 얇으며 다른 품종보다 달콤하고 녹말이 적다.

Cheeses & Butter

폴 에피 Fol Epi
폴 에피는 프랑스어로 '거친 밀 줄기'를 뜻한다. 프랑스의 둥근 빵처럼 생겼고, 윗부분에 밀 줄기가 새겨져 있는 것이 특징이다. 에멘탈 치즈를 본떠 만들어 페이스트에는 군데군데 불규칙한 구멍이 나 있다. 과일과 견과류 향이 풍부하고 시큼한 향이 난다. 질감은 부드럽고, 밀의 풍미와 은은한 단맛이 난다.

브리 Brie
브리는 '치즈의 여왕'이라고 불릴 정도로 인기 있는 프랑스 치즈다. 흰색 곰팡이가 뒤덮인 표면 안에 부드러운 속살을 감추고 있다. 국내에서는 약 15종의 브리 치즈를 맛볼 수 있는데, 생산자와 브랜드에 따라 껍질의 두께나 페이스트의 부드러운 정도, 짠맛의 정도에 차이가 있다.

로크포르 Roquefort
프랑스의 대표 블루치즈이면서 세계 3대 블루치즈 중 하나다. 푸른곰팡이 마블링이 들어간 양젖 치즈로 동굴에서 숙성시킨다. 푸른곰팡이의 이름이 페니실리쿰 루케푸르트|Penicillium Roqueforti|인데, 여기서 로크포르의 이름이 유래되었다. 이 곰팡이는 이후 다양한 블루치즈의 베이스로 사용되고 있다. 냄새부터 짭짤하고, 짜릿한 향미를 풍긴다. 맛은 날카로운 편이지만 은근히 단맛이 난다.

버터 Butter
프랑스 요리에서 우리나라의 장처럼 쓰이는 재료가 바로 버터다. 프랑스 전통음식은 대부분 버터를 사용해 조리를 해 맛을 살린다. 프랑스에서는 풍미가 좋은 발효 버터를 많이 사용한다. 에스코피에가 정한 프랑스 요리의 모체 소스에도 버터가 꼭 들어가는 홀랜다이즈나 벨루테, 베샤멜 등이 포함되어 있다.

라클레트 Raclette
프랑스 치즈의 한 종류이면서 스위스 요리의 이름이다. 소젖으로 만드는 반경성 치즈로 단단한 페이스트를 가지고 있다. 불에 살짝 녹여 먹어야 그 풍미를 제대로 느낄 수 있으며, 스위스에는 라클레트 전용 도구가 있을 정도로 인기가 좋다.

에푸아스 Epoisse
에푸아스는 암모니아 향이 아주 강한 치즈다. 비록 냄새는 강하지만 단맛, 짠맛, 고소한 맛이 조화롭게 어우러진 풍미로 인기가 많은 치즈 중 하나다. 4주의 숙성 과정에서 마르드 부르고뉴|Marc de Bourgogne|로 치즈 껍질을 여러 번 닦아주는데, 이때 에푸아스 특유의 향이 생긴다.

묑스테르 Muenster
묑스테르는 프랑스어로 수도원을 뜻하는 'Monastère'에서 이름이 비롯되었다. 로렌 지방과 알자스 지방의 우유로 만드는데 습한 저장고에서 이틀에 한 번씩 소금물로 껍질 닦는 과정을 거쳐야 치즈가 만들어진다. 프랑스인들의 치즈 플레이트에 자주 올라가며 키쉬나 오믈렛, 투르트|Tourte| 같은 요리에 활용된다.

세계의 식재료
: 한국

●
Cereals & Fruits

보리 Barley
세계 4대 작물 중 하나로 우리나라에서는 쌀 다음 가는 주식 곡물이다. 보리를 이용해 보리밥, 보리죽, 보리수제비, 보리차, 보리고추장 등을 만들 수 있다. 최근에는 보리의 생리활성 기능성이 재조명되면서 보리국수, 보리빵, 보리음료 등 보리를 활용한 가공식품 소비가 늘고 있다.

쌀 Rice
우리나라 사람들은 쌀을 중심으로 한 식생활을 계속해왔으며 주 열량원인 중요한 곡물이다. 벼 열매의 껍질을 벗긴 알맹이로 완전 도정을 해서 백미로 먹거나 껍질을 덜 벗겨 현미로 먹기도 한다. 요즘은 도정도에 따라 5분 도미, 7분 도미, 백미 등으로 나뉜다.

팥 Red bean
쌀, 보리, 잡곡 등에 혼식용으로 이용되거나 떡고물, 양갱 등에 많이 쓰인다. 팥의 사포닌 성분은 이뇨작용에 효과적이고, 비타민 B1 함유량이 현미보다 많아 각기병의 특효약으로 이용되었다. 붉은색이 짙고 윤기가 나며 껍질이 얇은 것이 좋다.

대추 Jujube
예로부터 중요한 과일 중 하나로 약용과 식용을 겸해 재배했다. 제사상이나 잔칫상에 과실로 그대로 올리거나 조란, 대추초 등 과정류로 만들어 먹는다. 떡이나 음식의 고명으로도 많이 사용하고, 말려서 꿀에 재워 차로 끓여 먹기도 한다.

잣 Pine nut
잣나무의 열매로 올레산과 리놀레산이 풍부해 뇌에 좋다. 날것인 상태에선 부드럽고 달짝지근하며 버터 향미가 나고, 기름을 넣지 않고 가볍게 볶으면 고소함과 잣 특유의 향을 얻을 수 있다. 각종 요리의 고명으로 사용하거나 갈아 죽을 끓여 먹기도 한다.

유자 Yuzu
레몬보다 비타민 C가 3배 많이 함유되어 감기와 피부 미용에 좋다. 즙이 많지만 신맛이 강하고 향기가 좋아 요리에 다양히 쓰인다. 유자청을 만들어 겨울철 차로 많이 이용한다.

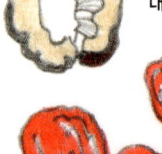

오미자 Omija
단맛, 신맛, 쓴맛, 짠맛, 매운맛이 나는데 그중 신맛이 가장 강하다. 말린 열매를 찬물에 담가 붉게 우러난 물에 꿀, 설탕을 넣어 음료로 마시거나 화채나 술을 담가 먹는다.

밤 Chestnut
날로 먹거나 삶아서 먹는데, 적당히 말릴 경우 당도가 더욱 높아진다. 꿀, 설탕에 조리거나 가루를 내어 죽, 이유식 등에 이용하고 통조림, 술, 차 등으로 가공해 먹기도 한다.

참깨 Sesame
음식에 고소한 향을 더하며 소량만 사용해도 충분한 맛을 낸다. 주성분인 세사몰은 산화방지 효과가 뛰어나다. 물에 씻어 기름을 두르지 않은 프라이팬에 볶아 사용하는데 통째로 쓰거나 갈아서 쓴다. 죽이나 다식, 강정 등에 주로 넣어 사용한다.

배 Pear
수분과 단맛이 많고 아삭거리는 맛이 좋다. 열매 중 먹을 수 있는 부분이 약 80%에 해당한다. 기관지질환과 배변, 이뇨작용에 효과가 좋다. 날로 먹거나 주스, 통조림, 잼, 배숙 등을 만들어 먹고, 연육 효소가 있어 갈비찜 등에 갈아 넣으면 고기가 연해진다.

매실 Plum / Japanese apricot
매화나무의 열매인 매실은 신맛이 특징이다. 각종 유기산과 비타민이 풍부한데 그중에서도 시트르산은 피로 해소에 좋고, 알칼리성을 띠어 해독작용, 살균작용이 뛰어나 위장장애, 배탈에 효과적이다. 주로 매실주, 매실장아찌 등으로 이용한다.

Vegetables

인삼 Ginseng
인삼의 생것은 수삼, 말린 것은 백삼, 쪄서 말린 것은 홍삼이라 한다. 인삼은 원기 회복, 면역력 증진, 자양강장에 도움을 주는 식재료로 우리나라 사람들의 보양식에 자주 등장한다.

마늘 Garlic
한식에서 빠지지 않는 재료 중 하나로 그 자체로 먹어도 좋고 다양한 음식의 재료로 사용해도 좋은 기능성 식품이다. 마늘의 대표적 성분인 알리신에서 나오는 강한 향이 비린내를 없애고 음식의 맛을 좋게 한다.

고추 Chili
흔히 아주 예전부터 먹었을 것이라고 알고 있지만 실제로는 17세기 초엽에 전래된 식품이다. 특히 김치에는 빠질 수 없는 필수 재료인데, 김치에 젓갈류를 넣기 시작한 것도 고추를 사용하면서부터였다. 고추의 주성분인 캡사이신이 산패를 막아 비린내가 나는 것을 막아주기 때문인 것으로 보인다. 특히 우리나라의 김장용 고추는 미국의 타바스코·테키산스, 일본의 다카노쓰메の가 품종보다 캡사이신은 3분의 1, 당분은 2배 정도 들어 있어 매운맛과 단맛이 조화롭다고 할 수 있다.

도라지 Ballon flower / Bell flower
중국과 일본에서도 흔히 먹으며 주로 약용으로 사용한다. 하지만 우리나라에서는 주로 반찬으로 만들어 먹는 식재료다. 맛은 쌉쌀하고 달짝지근하며 아삭아삭한 것이 특징이다. 나물로 하얗게 볶아서 제사상에 올리거나 고춧가루와 식초를 넣어 새콤하게 무치기도 한다.

미나리 Water parsley
맑은 물에서 자라며 특유의 향이 상쾌하고 아삭한 맛이 좋다. 해독 작용은 물론 혈액을 맑게 해주는 효과를 가지고 있다. 주로 김치를 담가 먹으며 살짝 데쳐서 혹은 생으로 무쳐 먹기도 한다.

우엉 Burdock
아삭아삭 씹는 맛이 매력적인 뿌리 채소이다. 당질의 일종인 이눌린이 풍부해 신장 기능을 높여주고 풍부한 섬유소가 배변을 촉진한다. 아삭한 질감을 이용한 조림, 찜, 샐러드, 무침, 튀김 등에 이용하고 찌개에 넣을 경우 독특한 맛을 내며 돼지고기와도 잘 어울린다.

깻잎 Perilla leaf
방향성 정유 성분이 들어 있어 독특하고 향긋한 향이 일품이다. 육류의 누린내나 생선의 비린내를 없애주기 때문에 상추와 함께 쌈채소로 주로 이용한다. 또 부각, 절임, 깻잎김치를 만들어 먹기도 하고, 무침이나 탕 등에 향신료처럼 넣어 사용하기도 한다.

고사리 Fern
산나물 요리의 대명사로 어린 잎은 삶은 뒤 볶아서 나물로 먹거나 국이나 전골에 넣어 먹는다. 특히 육개장에 빠지지 않고 들어간다. 생고사리는 떫은맛이 강하므로 잘 우려내어 사용한다.

콩나물 Bean sprouts

콩을 발아시켜 재배하며 피로 해소와 숙취 제거에 좋은 아스파라긴산을 다량 함유하고 있다. 주로 데쳐서 양념으로 무쳐 먹거나 시원하게 국을 끓여 먹는다.

더덕 Deodeok

인삼, 도라지 등과 함께 사포닌 성분이 풍부하게 함유되어 있다. 부드럽고 독성이 없으며 열을 내리거나 기관지염, 천식 등에도 좋다. 주로 구워서 먹으며 날것을 찢어서 양념해 반찬으로도 먹는다.

세계의 푸드 컨퍼런스
: CONFERENCE

현대 요리사의 역할은 단순히 레스토랑 안에서만 발휘되지 않는다. 요리사를 주축으로 과학자, 농부, 사회학자 등이 한자리에 모여 식문화 발전과 미래의 식생활 흐름을 연구하고 발표하는 자리가 많아졌다. 국내에서도 이런 행사를 점점 더 많이 찾아볼 수 있다. 대표적인 예가 스페인을 거점으로 두고 열리는 마드리드 퓨전과 덴마크와 뉴욕을 거점으로 열리는 매드다. 이 외에도 최근 전 세계의 미식 관련 이벤트에서는 요리사의 목소리를 빌려 식문화 발전에 관한 토론을 하고, 의견을 알리는 자리를 지속적으로 마련하고 있다.

Madrid Fusión
마드리드 퓨전은 세계에서 가장 큰 미식 행사 중 하나로 2003년 스페인의 유명 저널리스트 호세 카를로스 카펠Jose Carlos Capel에 의해 시작됐다. 마드리드 퓨전은 10년이 넘는 기간 동안 변함없이 스페인의 수도 마드리드에서 개최되어 전 세계 미식 업계의 중요한 축으로 자리 잡았다. 마드리드 퓨전은 단순한 미식 행사를 넘어 셰프들이 새로운 기술과 요리법, 식재료, 지식을 선보이는 장이다. 또한 마드리드 퓨전을 통해 전 세계 외식 업계의 현재와 미래의 트렌드를 읽어낼 수 있기도 하다. 스페인 셰프들은 힘을 모아 전통요리의 고급화를 위해 애썼고, 전 세계의 셰프들 또한 행사에 참여해 자신들이 알고 있는 기술과 새로운 식재료를 소개했다. 지금은 세계 곳곳에서 다양한 미식 관련 행사가 열리고 있다. 하지만 여전히 마드리드 퓨전은 끝없이 발전하고 변모하는 새로운 모습을 보여주며 셰프 업계에서 큰 관심을 받고 있다. 2015년부터는 필리핀 마닐라에서 행사가 열리기도 했다.
Web www.madridfusion.net

MAD
덴마크어로 '음식(Food)'이라는 뜻의 매드는 전 세계적으로 유명한 톱 레스토랑인 노마의 셰프 르네 레드제피René Redzepi가 2011년에 처음 개최한 심포지엄이다. 단순히 요리사를 위한 조리법을 나누고 식재료에 대한 이야기만을 하는 것이 아니다. 그들은 요리사의 입장에서 불특정 다수를 위한 좋은 요리법과 건강한 환경을 만들기 위한 고민을 하고 방법을 제안한다.
Web http://www.madfeed.co

madridfusión
OCINAS VIAJERAS | TRAVELING CUISINES
www.madridfusion.net
PATROCINADORES PRINCIPALES
Mahou
San Miguel
IFEMA Feria de Madrid
LACTALIS
makro
Prodemar
Electrolux

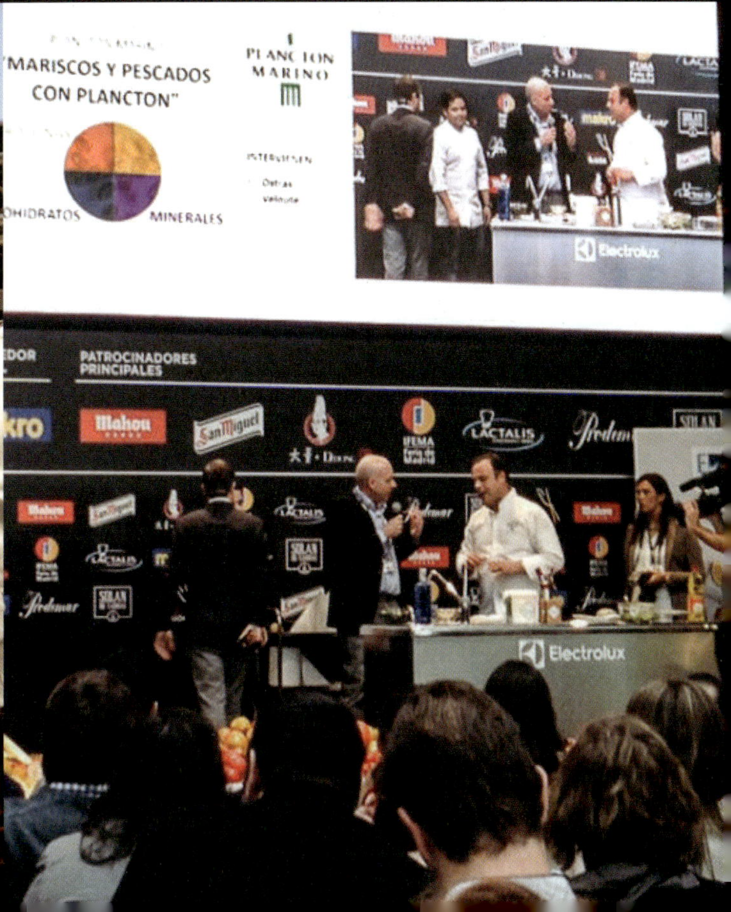
MARISCOS Y PESCADOS
CON PLANCTON"
PLANCTON MARINO
OHIDRATOS
MINERALES
PATROCINADORES PRINCIPALES
Mahou
San Miguel
LACTALIS
Electrolux

소고기, 과학적으로 즐기기

소고기를 이용한 요리를 떠올려보자. 소고기 미역국, 미트볼, 라구 소스, 스테이크까지 수많은 이름이 줄줄이 흘러나온다. 이렇게나 다양한 음식에 얼마나 많은 과학적 지식이 스며들어 있을까? 소고기와 관련한 과학적인 이야기를 파내다 보니 요리는 과학이라는 말이 절대 과언이 아님을 알 수 있었다.

굽기의 과학

마이야르 반응은 재료의 색, 맛, 향을 증진시키는 화학반응이다. 단백질과 당에 열이 가해지면 먹음직스러운 색과 바삭함, 고소한 맛을 내는 새로운 분자를 만들어낸다. 스테이크를 구울 때 버터를 조금 더하면 이 새로운 분자와 지방 성분과 결합해서 더욱 맛있어진다는 사실. 하나 더, 마이야르 반응은 130~200℃ 사이에서 가장 활발하게 일어난다.

부드러운 고기를 즐기고 싶다면

구운 고기는 열 때문에 표면이 건조해진다. 표면의 육즙이 증발하면서 퍽퍽해지는데 이때 잠시 레스팅을 해주면 내부의 육즙이 고루 퍼져 부드러워진다. 흔히 고기는 지방이 많은 부분이 부드럽다고 생각하지만 수분을 잘 조절해주는 것도 부드러운 고기를 즐기기 위한 중요한 방법이다.

스테이크 굽기의 정도는 내부 온도의 차이

스테이크 굽기 정도를 나눌 때 손가락의 촉감으로 나누는 경우가 많지만 사실 굽기 정도는 중심부의 온도로 정확히 나눌 수 있다. 가장 부드러운 블루 스테이크는 50℃, 레어는 55℃, 미디엄은 60℃, 웰던은 70℃ 이상이다.

용도에 따라 다른 부위를 선택할 것

고기는 오래 익히지 않는다고 생각하지만 사실 부위에 따라 익히는 시간도 다르다. 소는 무게의 대부분을 몸 앞쪽으로 지탱하기 때문에 결합조직과 콜라겐이 더 많아 근육이 더욱 단단하게 구성되어 있다. 따라서 소의 앞부분은 조직이 질겨 오래 끓일수록 맛이 좋아지고 식감이 연해진다.

요리에 따라 다르게 썰기

소고기는 고기 자체가 크기 때문에 조직감도 다른 동물에 비해 강하다. 부드러운 것을 원한다면 결 반대 방향으로 썰어 섬유질을 끊어주는 것이 좋고 육포처럼 고기를 길다랗게 사용하고 싶은 경우에는 결 방향대로 썰어야 끊어지지 않는다.

갓 잡은 신선한 고기?

소고기를 비롯한 동물은 모두 도축되는 순간 사후 강직이 시작된다. 단단하게 수축된 근육 내 소화 효소가 작용되어 부드러워지는 것이 바로 에이징이다. 하지만 드라이에이징을 하게 되면 수분이 손실되는 단점이 있다. 고기를 90일 동안 숙성시키면 수분이 빠져나가 원래 무게의 60%까지 줄어들게 되기 때문에 가격이 더욱 비싸지기도 하는 것.

갈아낸 소고기는 천연 유화제

파테, 미트볼 등을 만들기 위해 고기를 믹서로 갈아 잘게 써는 경우가 있다. 이런 소고기 반죽은 치댈수록 끈기가 생긴다. 고기가 갈리면서 천연 유화제가 되기 때문. 소고기의 섬유소가 잘게 부스러지고 인지질이 풀어지면서 수분, 지방, 고기를 한 덩어리로 만들어주는 역할을 하게 되는 것이다.

육수를 끓일 때는 소금은 마지막에

소고기를 비롯한 단백질은 열뿐만 아니라 소금과 산에 의해 변성이 일어나기도 한다. 그렇기 때문에 소고기로 육수, 소스를 끓이는 경우에는 소금을 넣는 순서에 주의해야 한다. 초기에 소금을 넣으면 고기의 향이 육수에 충분히 빠져나오지 않을 수 있기 때문이다. 소금은 되도록 나중에 넣기로 하자.

산소는 소고기 보관의 적

고기는 공기 중에 노출되는 표면적이 적을수록 산화가 느리게 진행되어 맛이나 향이 유실되지 않는다. 당장 먹을 것이 아니라면 덩어리로 사고 공기와의 접촉을 방지할 수 있게 랩으로 싸는 것도 좋다. 요즘은 가정용 진공포장기가 나오기도 하니 가능하면 진공포장을 추천한다.

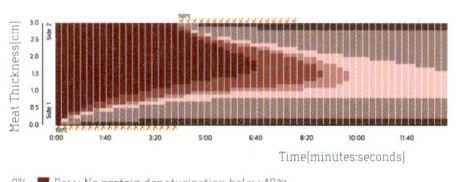

- 0% Raw : No protein denaturization below 40℃
- 0% Rare : Myosin denatures 40~55℃
- 0% Medium Rare : Glycogen denatures 55~60℃
- 27% Medium : Myoglobin denatures 60~70℃
- 60% Well : Action denatures 70~120℃
- 13% Browning reactions 120~180℃
- 0% Charring at > 180℃

Cook My Meat

스테이크는 다양한 소고기와 관련한 다양한 과학적 지식이 총 동원된 요리다. 어떻게 썰고, 익히는지에 따라 결과물이 완전히 달라지니까. 3명의 MIT 학생이 스테이크를 시뮬레이션할 수 있는 프로그램을 만들었다. 고기의 두께와 뒤집는 횟수를 결정하면 치이익 하는 소리와 함께 시간에 따른 고기의 익힘 정도를 한눈에 볼 수 있다.
WEB http://up.csail.mit.edu/science-of-cooking/

마블링
: 소고기의 하얀 속사정

붉디붉은 고기 속 하얗게 박혀 있는 대리석 무늬의 지방, 마블링. 1920년대 미국 농무부가 등급제를 공식화하며 마블링을 토대로 품질 평가를 하기 시작했고 우리나라는 일본을 통해 1992년 등급제를 처음 도입했다. 그 후 수많은 마케팅과 홍보를 통해 우리는 새하얀 꽃처럼 피어 있는 마블링을 최고라 여겼다. 그러나 지금 마블링은 '부드러운 맛'과 '기름진 지방' 사이에서 흔들리고 있다. 미디어는 마블링 중심의 등급제를 두고 갑론을박을 펼쳤고, 우리나라의 소고기 등급제는 변화의 기로에서 고민하고 있다. 우리는 어떤 시선으로 등급제를 바라보고, 마블링을 대할 것인가. 마블링에 대한 이야기와 세계의 주요 등급제를 통해 깊이 고민해볼 문제다.

마블링이 좋은 고기가 값비싼 이유는 무엇일까?

등급이 높고 마블링이 많이 형성된 소고기의 가격이 비싼 이유는 무엇일까? 이는 비육 기간 및 사료 급여량과 관련이 있다. 축산물을 기르는 데 드는 비용 중 절반 이상은 사룟값이다. 축산 농가에서는 값어치가 높은 1++의 출현율을 위해 그에 상응하는 지방을 만들어야 했다. 그러기 위해서는 한우의 경우 수입 소보다 10개월 이상(평균 30~31개월) 비육 기간을 가져야 한다. 문제는 소의 비육 후기에 체중을 늘리기 위해 먹는 고열량 배합 사료다. 원료(옥수수와 대두박)의 95%를 해외에 의존하고 있어 사룟값이 국제곡물가격에 좌지우지된다. 가뭄으로 옥수숫값이 오르면 사룟값도 함께 오르고, 고스란히 소고기 가격 상승에 영향을 미친다.

그렇다면 마블링은 소고기 맛에 어떤 영향을 주는가?

지방은 결합조직 막과 근섬유 덩어리를 해체한다. 열을 가하면 결합조직이 쉽게 끊어져 부드러운 식감을 느낄 수 있다. 또한 지방은 열전도율이 낮아 가열했을 때 고기 내부의 수분 증발을 억제한다. 상대적으로 마블링이 많은 고기가 육즙이 풍부하게 느껴지는 것은 이 때문이다. 마블링이 많을수록 기름진 맛이 강하지만 그만큼 입에서 사르르 녹는 부드럽고 촉촉한 맛을 가진다. 와규를 보면 실처럼 촘촘히 들어선 마블링으로 인해 핑크빛 육색을 띤다. 그러나 최근 일본에서도 지방보다는 고기 본연의 맛을 중요시해 마블링 중심의 등급제를 서서히 바꿔나가고 있다.

마블링과 등급제를 대하는 자세

마블링 중심에서 탈피해 변화하는 등급제와 분위기는 자연스럽게 저지방 숙성육으로 흘러갔다. 손님의 입맛을 반영해 요리를 준비하는 셰프들 사이에서도 숙성육을 공부하는 이들이 늘어났다. 하지만 숙성육은 현행 등급제 문제의 절대적인 해답은 아니다. 고기를 맛있게 먹기 위한 하나의 '방법'으로 바라보아야 한다. 셰프는 등급제에 대한 편견에서 벗어나 뜻에 맞는 좋은 고기를 선택하고 손님들은 편견 없이 요리의 맛을 즐기는 분위기가 조성된다면 건강한 육류 소비 문화를 만들 수 있지 않을까.

한국의 소고기 등급제

1++등급 ★★
1+등급
1등급
2등급
3등급

한국은 현재 육량 등급에 따른 3단계(A, B, C)와 지방 함량에 따른 5개(1++등급·1+등급·1등급·2등급·3등급) 등급으로 세분되어 있다. 지방 함량을 기준으로 예비 등급을 매긴 뒤 육색, 조직감, 성숙도 등을 평가한다. 좋은 소고기의 기준을 전체적인 맛이 아닌 '지방'에 초점을 두고 있다.

일본의 소고기 등급제

일본에서도 육량 등급에 따라 A, B, C 3단계로 나누고 1~5단계로 육질 등급을 나타낸다. 평가 기준이 되는 것은 근내지방을 판단하는 B.M.S(Beef Marbling Standard)다. 한국과는 반대로 5등급에 가까울수록 근내지방 비율이 높다. 참고로 최고등급인 5등급의 지방 함량은 무려 30%가 넘는다. 또한 지방색을 평가하는 B.F.S(Beef Fat Standard)는 백색에 가까울수록 높이 평가하고 있다. 항목별 등급 결과 가운데 가장 낮은 등급을 최종 등급으로 판정한다.
※육량 등급은 소 한 마리에서 얻을 수 있는 고기 양의 많고 적음을 나타내며 등심 단면적·도체중·갈비 두께·등지방 두께를 고려해 평가한다.

5등급 ★★
4등급
3등급
2등급
1등급

미국의 소고기 등급제

프라임 Prime ★★
초이스 Choice
셀렉트 Select
스탠더드 Standard
커머셜 Commercial
유틸리티 Utility
커터 Cutter
캐너 Canner

USDA 품질 등급

미국 농무부(USDA)의 품질 등급은 8단계로 구성되어 있다. 프라임Prime, 초이스Choice, 셀렉트Select, 스탠더드Standard, 커머셜Commercial, 유틸리티Utility, 커터Cutter, 캐너Canner 순이다. 주된 측정 요소는 소의 나이와 마블링이다. A부터 E까지 총 5개 단계로 구분되며 9~30개월 미만은 성숙도 A, 30~42개월 미만은 성숙도 B로 판정한다. 성숙도 A·B를 받은 도체 가운데 근내지방도(마블링)를 따져 상위 4개 등급을 매긴다. 제일 높은 품질 등급인 프라임은 한국의 1등급에 해당한다.

호주의 소고기 등급제

호주에서는 등심단면의 육색·지방색·근내지방도 등에 따라 평가하는 냉장 등급판정과 MSA(Meat Standard Australia 호주육류 품질인증) 제도를 도입했다. 종, 성별, 사후 최종 pH 및 온도 등 고기의 특징과 숙성 기간을 계산식에 입력해 산출한 뒤 MSA3, MSA4, MSA5 3개 등급으로 구분한다. MSA 등급을 받는 소고기는 기본적으로 최소 5일의 숙성기간을 거친다. 고기 라벨에는 MSA 등급 옆에 조리법과 추천 숙성기간을 함께 기재한다.
'MSA 3 Roast @ 5 days, 4 @ 28 days
MSA 3 Grill @ 5 days, 4 @ 28 days'
위 표시는 로스팅하거나 그릴 조리법으로 조리하는 것이 좋은 MSA 3 등급을 포장 일자를 기준으로 5일간 숙성했고, 이 고기를 28일간 숙성하면 품질이 더 좋아져 MSA 4 등급으로도 판매할 수 있다는 것을 뜻한다.

MSA 5
MSA 4
MSA 3

MSA 등급

소고기 부위 리스트
: 부위별 사용법

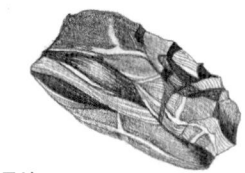

목심
운동을 많이 하는 부위라 지방이 적고 근육이 단단하며 육질이 질기다. 하지만 살코기 속에 지방이 고르게 분포되어 풍미는 좋은 편이다. 힘줄을 피해 얇게 썰어 요리하면 부드러운 맛도 제법 느낄 수 있다.
Best way to cook 구이, 불고기, 국물요리, 다짐육

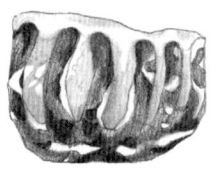

등심 : 윗등심살, 꽃등심살, 아래등심살
소의 등줄기를 따라 머리 쪽부터 윗등심살, 꽃등심살, 아래등심살로 나뉜다. 부위별로 근육이나 힘줄, 지방의 분포에 따라 나뉘는데 윗등심살은 육즙이 풍부하고, 꽃등심살은 마블링이 가장 풍부해 진한 맛을 낸다. 아래등심살은 살코기 함량이 많고 부드럽기 때문에 두툼하게 썰어 스테이크용으로 요리하는 것이 가장 잘 어울린다.
Best way to cook 구이, 스테이크, 불고기, 너비아니

채끝(등심)
소를 몰 때 휘두르는 채찍의 끝이 닿는 부분이라 하여 붙은 이름이 채끝이다. 살코기와 지방이 고루 섞여 있어 적당히 구우면 육즙과 마블링의 향미를 느낄 수 있다.
Best way to cook 스테이크, 산적, 너비아니

안심
소는 운동량이 많아 대체적으로 거칠고 질기지만, 안심은 복강 안쪽에 위치해 있어 운동량이 적다. 그래서 고기의 결이 곱고, 육질 역시 부드러우며, 마블링이 적어 담백한 맛을 즐기는 부위다.
Best way to cook 스테이크, 구이, 장조림

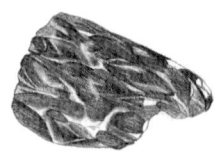

우둔 : 우둔살, 홍두깨살
우둔 부위는 우둔살과 홍두깨살 두 부위로 나뉜다. 우둔살은 지방이 거의 없는 살코기이지만 결이 거칠지 않고 연하다. 홍두깨살은 우둔살 옆에 홍두깨 모양으로 길게 붙어 있다. 육즙이 진해 육개장용으로 좋고, 씹는 맛도 좋아 육회에도 적합하다.
Best way to cook 육회, 불고기, 주물럭, 산적, 육포, 장조림

앞다릿살(앞다리)
덩어리가 큰 앞다릿살은 운동량이 많은 근육으로 이루어져 있다. 지방이 적은 대신 육즙이 풍부하고 고기향이 진한 것이 특징이다. 질긴 느낌이 있어 앞다릿살은 장시간 가열가슴 처리하는 요리에 알맞다.
Best way to cook 국물요리, 불고기, 산적

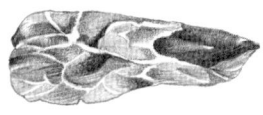

부채살(앞다리)
근육이 부채 모양을 닮아 붙여진 이름이다. 색이 진하고 육즙이 풍부해 살짝 굽기만 해도 맛이 좋다. 마블링과 가느다란 힘줄이 함께 뻗어 있어 살짝 질긴 듯하지만 씹을수록 쫀득쫀득한 맛이 특징이다.
Best way to cook 구이, 불고기

부채덮개살(앞다리)
부채뼈를 덮고 있는 근육이다. 뼈와 가죽을 연결하는 부위기 때문에 운동량이 많아 육질이 단단하다. 겉을 싸고 있는 막이 두껍기 때문에 꼭 막을 제거하고 요리하는 것이 좋다. 색이 진한 만큼 육즙이 풍부하지만 육질이 질기기 때문에 숙성을 충분히 시킬 것.
Best way to cook 국물요리, 불고기

꾸리살(앞다리)
꾸리살은 근육 모양이 둥글게 감아 놓은 실꾸리처럼 생겨서 붙은 이름이다. 마블링이 많진 않고, 지방 함량이 낮아 쇠고기의 담백한 맛을 즐기기에 좋다. 얇게 썰어 요리하면 쫄깃한 식감이 좋아 육회로도 먹는다. 불에 구우면 쉽게 질겨지지만 물에서 익히면 부드러워진다.
Best way to cook 육회, 국물요리, 불고기

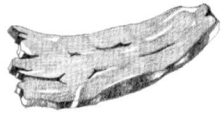

10. 갈비덧살(앞다리)
앞다리에서 갈비로 이어지는 부분에 붙어 있는 부위다. 앞다리 부위에서 비교적 운동량이 적어 질기지 않고, 지방도 골고루 분포되어 있어 육즙도 풍부한 편이다. 두툼하게 썰거나 얇게 썰어 요리하는 것 모두 잘 어울린다.
Best way to cook 구이, 샤부샤부, 전골, 불고기, 장조림

제비추리(갈비)
소 한 마리당 약 250g 정도의 제비추리가 2개밖에 나오지 않아 희소성이 높은 부위다. 조직감은 단단하지만 육질 자체는 부드럽고 육즙이 풍부하다. 고소하면서 담백한 맛이 난다.
Best way to cook 구이

마구리(갈비)
갈비살을 얻기 위해 제거되는 척추나 가슴 부위에 붙어있는 살이다. 살코기가 적고 뼈가 많은데, 물에 넣어 오랫동안 끓이면 고소한 육수를 만들 수 있다. 깨끗이 발라내고 썰어 구이용으로 사용하기도 한다.
Best way to cook 국물요리, 육수, 구이

삼각살(설도)
설도 부위 중 마블링과 육즙이 가장 좋아 구이용으로 먹을 수 있는 유일한 부위다. 고기의 씹는 느낌이 있어 쇠고기의 담백한 맛을 느끼기에 좋다.
Best way to cook 구이, 육회

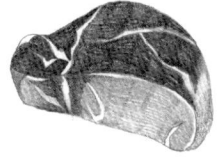

설깃살(설도)
설도 부위 중 운동량이 가장 많은 부분이다. 고기를 썰었을 때 마블링처럼 보이는 것은 고기의 결과 결 사이에 박힌 힘줄이다. 지방이 적고 질기기 때문에 구이용보다는 가슴가열해 요리하는 것이 좋다.
Best way to cook 찜, 전골, 국물요리, 불고기

안창살(갈비)
갈비 안쪽에 붙은 횡격막인데, 모양을 정리하고 나면 꼭 신발 안창처럼 생겼다고 해서 안창살이라는 이름을 붙였다. 운동이 적은 부위는 아니지만 지방이 많아 쇠고기 향이 진하게 느껴진다.
Best way to cook 구이

갈비살(갈비) : 본갈비, 꽃갈비, 참갈비
갈비 부위에서 뼈를 제거하고 살코기 부분만 손질한 것으로 위치에 따라 이름을 달리 붙였다. 본갈비는 앞부분 1~5갈비뼈 부분인데, 근섬유가 단단한 편이고 마블링이 많아 육즙이 풍부하면서도 고기향이 강하다. 생으로 구워 먹거나 통갈비로 썰어 찜이나 탕으로 먹기도 한다. 꽃갈비는 중앙에 위치한 부위로 갈비 중 맛이 가장 좋다. 이 부위는 운동량이 거의 없어 마블링이 넓게 분포되어 있으며 구웠을 때 그 맛을 제대로 느낄 수 있다. 참갈비는 다른 부위에 비해 살코기가 적고 갈비뼈의 비율이 높아 구이나 찜요리에 사용하기는 부적합하다. 하지만 물에 넣어 오래 끓이면 붙어 있는 질긴 결체 조직들이 부드럽게 풀리면서 진한 국물을 내기 때문에 갈비탕에 많이 쓰인다.
Best way to cook
본갈비(구이, 찜, 국물요리),
꽃갈비(구이), 참갈비(갈비탕)

도가니살(설도)
사골을 감싸고 있는 도가니와 붙어 있는 도가니살은 운동량이 많은 근육으로 진한 고기향을 풍긴다. 통째로 삶으면 구수한 맛을 내고, 영양소가 풍부해 보양식으로 많이 먹는다. 기름기가 적고 부드러운 것이 특징이다.
Best way to cook 육회, 국물요리, 불고기

보섭살(설도)
소의 엉덩이 윗부분을 이루는 큰 살코기 부위인 보섭살은 고기 색이 아주 진한 붉은색을 띠며 그만큼 신한 향을 가지고 있다. 거칠어 보이는 고기의 결과 달리 육질은 부드러워 구이로 먹어도 손색없을 정도다.
Best way to cook 육회, 구이, 스테이크, 불고기

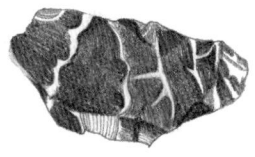

토시살(갈비)
갈비와 내장을 연결하는 안심 옆에 붙어 있는 부위로 팔에 끼는 토시처럼 생겼다고 해서 토시살이라는 이름으로 불린다. 다른 부위에 비해 마블링이 거의 없지만 가운데 연한 힘줄이 있고 육질이 부드러워 구웠을 때 씹는 맛이 독특하다.
Best way to cook 구이

설깃머리살(설도)
설깃살의 상단 부분을 분리한 부위다. 설깃살과 비교했을 때 마블링이 좋고, 고기의 결이 거칠지 않아 육질이 부드럽고 연한 편이다.
Best way to cook 전골, 구이, 장조림

상박살(사태)
'앞다리의 아롱사태'라 불릴 정도로 담백하고 쫄깃한 맛을 가지고 있다. 지방 함량이 적고 단백질 함량이 높기 때문에 쇠고기 특유의 향과 육즙이 풍부하다.
Best way to cook 구이, 육회, 장조림, 국물요리

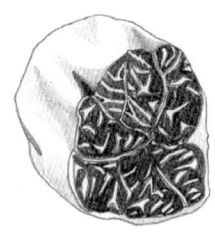

아롱사태 (사태)
지방이 거의 없고 고기의 결이 굵고 단단하다. 소 한 마리당 생산량이 약 700g 내외로 희소성이 높은 부위다. 연하지는 않지만 진하고 육즙이 풍부해 쫄깃한 맛을 자랑한다. 삶을수록 육질이 부드러워진다.
Best way to cook 탕, 육회, 찜

뭉치사태 (사태)
넓적다리뼈 근처 장딴지 근육으로 고기 모양이 큰 덩어리로 한데 뭉쳐 있어 뭉치사태라고 한다. 질긴 근막이나 힘줄이 많아 육질 면에선 단점이지만, 이런 결제 조직에는 필수아미노산과 영양소가 풍부하게 함유되어 있다.
Best way to cook 장조림, 찜, 탕, 찌개

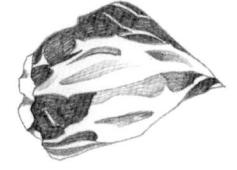

뒷사태 (사태)
뒷사태는 앞다리에 비해 힘을 더 쓰는 뒷다리 허벅지에서 얻어지는 부위라 앞사태에 비해 근육이 더 크고 색도 더 진하다. 두꺼운 근막과 힘줄로 질긴 감이 있으나 충분히 숙성시키면 쫀득쫀득 씹는 맛을 즐기기에 좋다.
Best way to cook 찜, 장조림, 국물요리

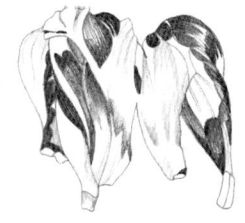

앞사태 (사태)
앞사태는 뒷사태에 비해 고기의 결이 곱고 향이 진하다. 근막이나 힘줄이 많아 콜라겐이나 엘라스틴 같은 질긴 조직들이 많지만 물에 넣고 약한 불에서 오랫동안 익히면 콜라겐이 젤라틴처럼 부드러워진다.
Best way to cook 국물요리, 찜, 불고기

업진살 (양지)
업진살은 소가 엎드렸을 때 바닥에 닿는 뱃살로 지방과 근육이 층을 이루고 있고 마블링이 고루 분포되어 있어 '우삼겹'이라고도 불린다.
Best way to cook 수육, 수프, 스튜, 국물요리

업진안창살
업진살에서 분리해낸 소분할육이다. 고기의 결이 거친 데 비해 살코기를 감싸고 있는 지방이 고기 결과 결 사이에 들어 있어 마블링이 좋다. 씹는 맛이 특이해 구이용으로 적당하다.
Best way to cook 구이, 국물요리

치마양지
치마양지를 이루는 근육들은 소가 호흡할 때 횡경막과 함께 항상 운동을 하기 때문에 근막이 많고 고기 결이 거친 편이다. 마블링과 육즙은 좋은 편이지만 잘 찢어지기 때문에 푹 끓이는 요리법이 어울린다.
Best way to cook 찜, 장조림, 국물요리

치마살
고기 모양이 주름치마처럼 생겨 붙은 이름이다. 육질은 부드럽고 고기 결 사이로 지방이 잘 퍼져 있어 조화로운 맛을 낸다.
Best way to cook 구이, 육회

앞치마살
육질은 거칠지만 육즙이 풍부한 편이다. 고기의 결을 따라 직각으로 썰어 구우면 쫄깃한 맛을 느낄 수 있다.
Best way to cook 구이, 장조림, 국물요리

차돌박이
이 부위는 희고 단단한 지방을 포함하고 있는 근육으로 결과 직각으로 썰었을 때 지방이 살코기 속에 차돌처럼 박혀 있는 것으로 보인다. 지방이 단단한 편이라 얇게 썰어 구우면 꼬들꼬들하게 씹히는 맛이 난다.
Best way to cook 구이, 찌개, 샤부샤부

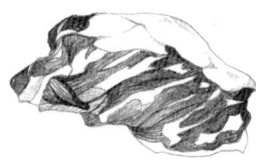

양지머리
운동량이 많은 근육으로 지방이 거의 없고 아주 질긴 부위다. 대신 결이 일정해 결대로 잘 찢어지기 때문에 다양한 요리에 사용된다. 향이 좋아 육수 내기에도 좋고, 오래 끓여도 맛이 잘 우러나기 때문에 국물요리에 가장 많이 쓰인다.
Best way to cook 장조림, 전골, 육수, 국물요리

그 외 부산물

염통(심장)
조직감이 단단해 쫄깃쫄깃하면서 담백한 맛이 난다.

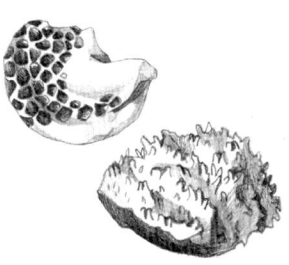

벌집양·양
위가 4개인 소의 첫 번째 위가 양이고, 두 번째 위를 벌집양이라고 한다. 담백한 맛이 있어 곰탕이나 전골, 구이, 볶음요리에 사용한다.

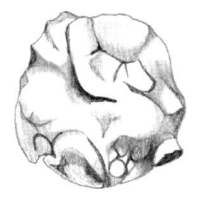

도가니
소의 무릎 뼈와 발목의 연골 주변을 감싸고 있는 부위다. 찜이나 탕으로 먹는다.

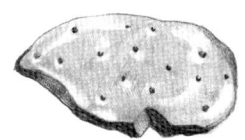

간
전이나 구이로 많이 먹고 신선한 것은 날로 먹는다. 서양에서는 파테pâté로 요리하기도 한다.

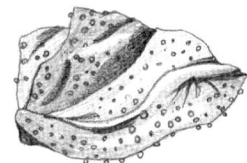

처녑
신선한 것은 회로 먹고, 전이나 전골, 볶음요리를 한다.

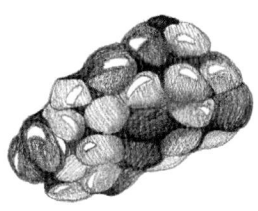

콩팥
부드러운 맛이 특징이다. 구이나 전골, 볶음요리에 많이 쓴다.

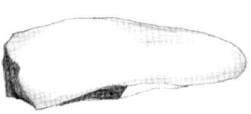

지라
소의 비장이다. 부드러운 맛이 좋아 살짝 삶아 수육처럼 먹거나, 탕에 넣어 먹는다.

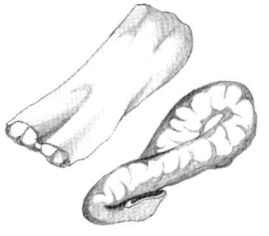

대창·곱창
대창은 소의 큰 창자로 전골이나 내장탕, 구이로 많이 먹는다. 곱창은 소의 소장으로 씹는 맛이 특히 좋다.

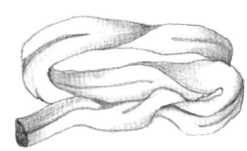

등골
소의 척추 안에 들어 있는 등골을 빼낸 것. 프랑스에서는 뼈 째 구워 속을 파 먹는다.

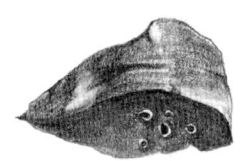

허파
허파는 주로 찜으로 요리하거나 전으로 부쳐 먹는다.

우설
편육, 찜, 조림 등에 사용한다. 전 세계적으로 많이 먹는 부산물 중 하나다.

스지
질겨 보이지만 오래 삶으면 쫀득쫀득해진다. 일본에서는 찜, 탕, 국, 수육 등 여러 가지 방법으로 요리한다.

흉선
스위트브레드Sweetbread라고도 부르며, 굽거나 볶아 먹는 요리법이 많다.

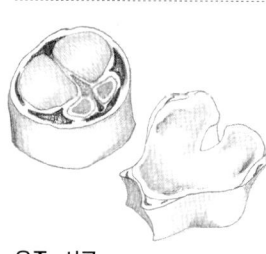

우족·사골
물에 담가 피를 뺀 후 오랫동안 삶아 국물을 우려내 먹는다.

꼬리
곰탕으로 끓이거나 육수를 내는데 많이 사용하고, 간혹 찜으로 먹기도 한다.

소시지
수제로 만들기
: HOW TO MAKE
HOMEMADE SAUSAGE

수제 소시지를 만드는 기본 방법만 알면 다양한 종류의 수제 소시지를 만들 수 있다. 소시지 종류 중 가장 기본이라 할 수 있는 독일 대표 소시지 브랏부어스트Bratwurst 만드는 방법을 존쿡 델리미트JOHNCOOK DELIMEATS의 이태리 마이스터가 소개해주었다.

by Chef 이태리

Ingredients

돼지 뒷다릿살 1kg, 양파 ½개,
마늘 3개, 물 ⅓컵, 우유 ¼컵,
레몬주스 약간, 소금 1Ts,
설탕 1 ½ts, 겨자가루 1ts,
흑후추 · 파슬리 · 넛맥가루 약간씩

1

양파와 마늘은 다지고 돼지 뒷다리살은 갈아서 준비한다. 이때 지방은 따로 제거하지 않고 함께 사용해 특유의 풍미를 더한다.

2

돼지고기를 제외한 모든 재료를 잘 섞는다.

TIP

Tip 1
우유는 고기의 누린내를 잡아줄 뿐 아니라 육질을 부드럽게 한다.

Tip 2
허브, 옥수수, 치즈, 청양고추 등 다양한 식재료를 넣어 원하는 소시지를 만들 수 있다. 재료를 넣을 때에는 잘게 다져 넣는다.

3

2에 돼지고기를 넣은 뒤 골고루 잘 섞는다.

4

충전기에 3을 가득 채워 넣고 입구에 케이싱을 씌운 뒤 충전한다.

TIP

Tip 1
케이싱은 충전기 입구 끝까지 넣어야 중간에 빠지지 않는다. 매우 얇아 찢어지기 쉽기 때문에 조심히 넣어야 한다. 케이싱에 미리 물을 묻혀놓으면 잘 들어간다.

Tip 2
소시지의 매듭을 지어야 하기 때문에 충전할 때 케이싱의 가장 앞부분은 5~6cm 남기고 충전한다. 끝 부분 역시 동일한 길이로 남긴다.

Tip 3
충전 시 입구의 앞부분을 눌러주면서 충전해야 공기방울이 생기지 않는다. 공기방울이 생기면 완성된 소시지의 식감이 좋지 않고 공기방울에 기름이 생겨 쉽게 상한다.

충전이 완료된 소시지를 돌려 담은 후 손으로 눌러 소시지 소가 균일하게 퍼질 수 있도록 한다. 너무 세게 누르면 케이싱이 터질 수 있으니 주의한다.

미리 남겨놓은 케이싱 끝 부분을 매듭짓는다.

양손의 엄지로 원하는 길이의 끝과 끝을 잡고 오른손 검지로 그 사이를 돌려 소시지의 구간을 나눈 뒤 모아 완성한다.

완성된 소시지는 밀봉해서 냉동 보관한다. 첨가물을 넣지 않은 소시지이기 때문에 약 한 달 정도 보관 가능하다.

TIP

수제 소시지 보관법

소시지를 끓는 물에 삶은 뒤 완전히 식혀 겉을 청주나 소주로 닦아낸 뒤 말려 밀봉한 뒤 냉동 보관한다. 이렇게 하면 알코올 성분으로 인해 미생물의 억제를 방지할 수 있다.

TIP

수제 소시지 가열법

굽기

센 불에서 구우면 케이싱이 터질 수 있기 때문에 약한 불에서 15분 정도 굽는다. 수제 소시지를 구울 때 칼집을 내면 그 사이로 육즙이 빠지기 때문에 그대로 구운 후 먹기 직전 칼집을 내는 것이 좋다.

워터 프라잉 Water Frying

팬에 소시지 두께의 ⅔만큼 물을 넣고 소시지와 함께 끓여 수분을 증발시킨다. 물이 증발된 팬에서 겉만 익도록 2~3분간 더 익힌다. 이렇게 하면 톡 터지는 식감의 소시지를 맛볼 수 있다.

삶기

처음부터 소시지를 물에 넣으면 맛난 맛이 빠지기 때문에 물이 끓으면 넣고 20분 정도 삶는다. 불이 세면 케이싱이 터질 수 있기 때문에 중불에서 삶는다.

수비드
: SOUS VIDE

수비드는 매우 섬세한 요리법이다. 정확하게 계산한 시간과 온도 하에서 조리해야만 재료 본연의 맛과 질감을 지킬 수 있기 때문이다. 수비드는 1970년대에 이르면서 부상했다. 수비드 요리의 대가로 알려진 브루노 구소 박사가 다양한 요리에 미치는 열의 효과를 연구하며 수비드 요리법을 체계화시켰고, 프랑스의 레스토랑과 각종 기관, 항공사 등의 주방에서 사용되며 혁신적인 조리 기법으로 발전해왔다. 수비드의 가장 큰 특징은 각 식재료에 요구되는 온도와 시간만 정확하게 조절한다면 모든 부분에 열을 골고루 전달할 수 있어 오버쿡이나 언더쿡의 위험이 없다는 것이다. 이로써 흥미로운 장점도 몇 가지 있다. 먼저 진공팩에서 저온에 조리하는 기법의 특성상 재료가 머금고 있는 고유의 수분을 유지할 수 있고, 콜라겐의 수축을 막기 때문에 육류의 경우 완벽한 미디엄 레어로 실키한 식감의 스테이크를 만드는 것이 가능하다. 또 수박처럼 가벼운 밀도의 조직을 압축시켜 수분과 맛이 보다 집중되도록 할 수 있기 때문에 전통적인 요리 기법으로 불가능하던 조리도 가능해졌다. 수비드에 대한 오해 중 진공 포장 비닐의 안전성은 고밀도 폴리에틸렌과 저밀도 폴리에틸렌, 폴리프로필렌 재질의 사용이 무해한 것으로 알려져 안심해도 좋다. 이외 고기에 뼈가 있을 경우 고온에서 조리해야 한다고 생각하지만 고기 내의 열 이동에 뼈가 미치는 영향에 관한 오해가 있기 때문이다. 뼈가 있을 때에도 안전하게 수비드할 수 있고, 어떤 뼈는 고기만 있을 때보다도 더 빠르게 열을 전달하기도 한다.

수비드 요리의 핵심은 무엇보다 '정확성'이다. 식재료를 준비해 밑간을 한 뒤 비닐팩에 밀봉해 넣기 때문에 '레시피의 정확성'이 요구되고, 식재료별 최적의 온도와 시간으로 조리해야 하기 때문에 '시간과 온도의 정확성'이 필요하다. 따라서 장시간 조리 후에는 오버쿠킹을 막기 위해 냉매를 통해서 냉각해야 한다.

①
닭가슴살을 준비해 손질한다.

②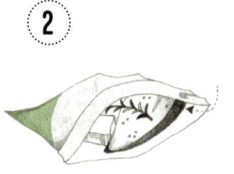
소금과 후춧가루, 허브로 시즈닝한다.

③
진공백에 넣어 밀봉한다.

④
수비드 기기에 넣고 63.8℃에서 2~4시간 조리한다.

⑤
닭가슴살을 꺼낸 후 원하는 온도에서 그릴링한다.

⑥
사이드 메뉴를 곁들여 플레이팅을 마무리한다.

수비드
: 머신이 없어도 괜찮아

전기밥솥

가정이나 업장에 하나쯤 있는 전기밥솥은 수비드 기계의 대안이 될 수 있다. 전기밥솥의 보온 기능이 밥솥의 온도를 일정하게 유지해주기 때문이다. 하지만 온도조절에 약간의 문제가 있다. 제조회사마다 설정된 보온 온도가 다르지만 대체로 70~80℃에 설정되어 있다. 신형 전기밥솥들은 보온 온도를 손쉽게 조절할 수 있는 제품도 있지만 그렇지 못한 제품들은 분해해서 온도를 조절해야 되는 단점이 있다. 그리고 온도의 조절 폭이 넓지 못해 원하는 온도로 조절하는 데 제약이 따르기도 한다. 하지만 보온 온도를 일정하게 유지하는 능력은 좋아 수비드 기계의 대안으로는 충분한 조리기구다.

전기어묵끓이기와 전기국끓이기

두 제품 모두 흔히 사용하지 않는 조리기구지만 수비드 기계의 대안으로 훌륭한 역할을 할 수 있는 제품들이다. 가격대는 10만원 후반에서 40만원대 정도지만 수비드 기계에 비하면 훨씬 저렴하다. 둘 다 온도를 조절하는 다이얼이 있어 온도 조절이 쉽다. 전기국끓이기는 보통 뚜껑이 있어 보온이 더 잘된다. 반면 전기어묵끓이기는 뚜껑이 없는 제품이 많아 온도 유지를 위해 별도로 구매하거나 랩을 씌워 온도를 고루 유지시켜주는 것이 좋다. 온도 조절이 수비드 기계에 비해 세밀하지 못한 것이 아쉽다.

직접가열

가장 원시적이고 저렴한 방법이다. 냄비에 물을 채우고 진공포장된 재료를 넣고 조리용 디지털 온도계를 꽂아 온도를 확인해가며 가열한다. 이때 온도계의 측정침이 재료와 가까운 위치에 있어야 재료를 익히는 물의 온도를 정확하게 파악할 수 있다. 직접가열 방법은 조리사의 인내심과 시간을 요구한다. 지속적으로 온도를 체크하고 재료의 상태를 살펴야 하기 때문이다. 또 온도를 일정하게 유지하는 것이 어려워 재료가 원하는 상태로 조리되지 않을 수 있다. 시간이 많은 날 한 번쯤은 해볼 만하지만 자주 하기에는 번거로운 방법이다.

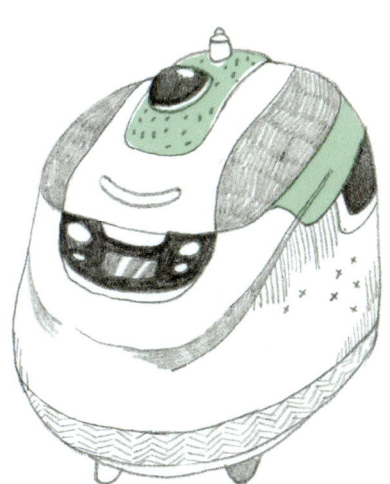
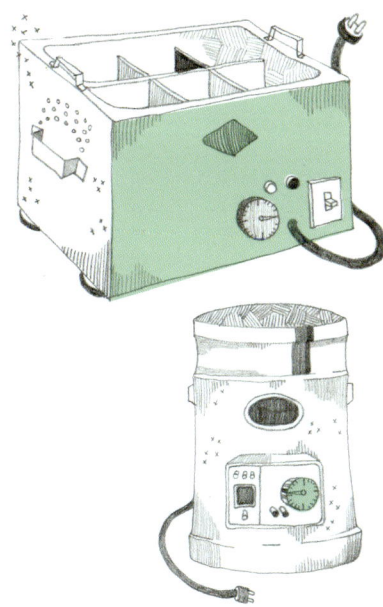
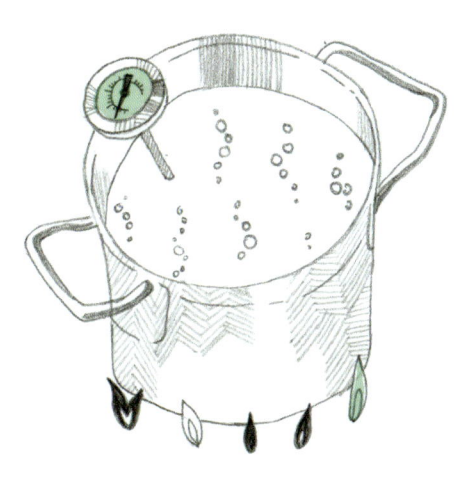

스테이크
: 에이징, 플리핑, 레스팅
AGING, FLIPPING AND RESTING

에이징 Aging
동물은 사후에 도살 → 사후강직 → 자가숙성 → 부패의 과정을 거친다. 사후 강직은 사후 시간이 지나면서 근육이 수축해 딱딱하게 굳는 현상이다. 그 이유는 사후 직후 여전히 근육세포들이 살아 있고 글리코겐도 일정 양 포함되어 있는데 살아 있는 근육세포의 글리코겐을 젖산으로 바꾸어 에너지를 얻고 이때 생성된 젖산은 pH를 떨어트려 근육의 액틴과 미오신이 결합해 액토미오신이 생성되며 점점 근육이 뻣뻣해지게 되는 것이다. 근육의 pH 가 5.5 이하가 되면 최대 강직이 오고 젖산의 생성도 중단되며 근육 조직의 단백질 분해 효소가 분해를 시작해 자가 숙성이 된다. 자가 숙성을 거치며 아미노산과 지미 성분이 증가하고 육질이 연해지게 된다. 이때 고기를 육즙과 함께 진공포장 된 채 숙성을 거치는 것이 우리가 사용하는 방법인 웻 에이징Wet Aging. 고기를 공기 중에 노출시켜 숙성을 하는 것을 드라이 에이징Dry Aging 이라고 한다. 오랜 시간 숙성을 거치며 여러 종류의 아미노산이 생겨나고 부드러워진다. 표면의 아미노산과 맛 성분은 안쪽으로 몰려 응축된 맛을 내지만 수분이 증발하기 때문에 육즙이 적다. 드라이 에이징의 숙성 기간은 최소 10일에서 최대 40일 사이가 좋으며 저장 온도는 1~3℃, 습도는 70~85%로 유지하며 통풍이 잘되는 곳이어야 고기가 골고루 마를 수 있다. 이렇게 숙성된 고기는 딱딱해서 먹을 수 없는 겉 부위를 손질해내고 농축되고 더 깊은 맛을 내는 고기 내부를 사용하게 되는데 수분이 증발하기 때문에 육즙이 포함된 부드러운 맛은 기대하기 어렵고 좀 더 야생의 맛에 가까우며 줄어든 무게만큼 그 가격도 굉장히 올라가게 된다. 일반 가정에서는 활용하기 어렵고 전문 드라이 에이징 냉장고를 갖춘 업소에서 일반적으로 사용되고 있다.

플리핑 Flipping
지금껏 오랜 세월 동안 스테이크는 단 한 번만 뒤집어야 최고라는 진리로 요리를 해왔을 것이다. 하지만 고기는 많이 뒤집어야 좋다. 그것도 아주 많이!!! 스테이크를 구울 때 고기를 센 불에서 굽게 되면 겉이 바삭해지고 먹음직스러운 갈색으로 변한다. 즉 마이야르반응을 이끌어내며 육류는 진정 우리가 원하는 스테이크가 되어가는 것이다. 이 과정에서 가장 큰 핵심은 마이야르반응을 어떻게 하면 가장 극대화할 수 있느냐인데, 한 면을 익히고 뒤집어서 끝내는 방법 같은 경우 보통 고기를 뒤집으면 고기 표면의 온도는 160℃에서 120℃ 정도로 40℃가 단 몇 초 안에 떨어지게 된다. 마이야르반응을 극대화하기 위해 고기를 대략 15~20초에 한 번씩 뒤집어주어 온도가 일정 수준 이하로 떨어지는 것을 방지함으로써 양 면의 마이야르반응을 계속 유지시킨다. 한 번만 뒤집을 경우 한쪽 고기를 쭉 익히면 뒤집어서 마무리 할 때 오버쿠킹의 우려가 있지만 이런 식으로 센 불에 겉면만 뒤집어가며 익히면 내부 온도는 빠르게 상승하지 않기 때문에 육즙을 최대한 보존하며 겉은 바삭하고 속은 부드러운, 거기에 마이야르반응의 극대화로 인해 고기 맛까지 한층 업그레이드되어 최상의 스테이크를 기대할 수 있다.

마이야르반응-Maillard Reaction은 아미노산과 환원당이 작용하여 갈색의 중합체인 멜라노이딘Melanoidin : 갈변 물질을 만드는 반응을 말한다. 즉 대부분의 식재료는 조리 과정을 통해 '갈색'으로 변화하게 되는데, 가열에 의한 갈색화의 원인은 '캐러멜화반응'과 '마이야르반응' 때문이다.

레스팅 Resting

고기 볼 줄 안다고 오랜만에 비싼 돈 들여 좋은 고기를 샀는가? 완벽하게 익힌 고기를 불에서 꺼내어 뜨거운 게 좋다며 바로 먹고 있지는 않는가? 과연 그렇게 해서 비싼 고기를 가장 맛있게 먹을 수 있을까? 결과는 NO. 중요한 레스팅Resting 과정을 빼먹었기 때문이다. 많은 사람들이 이 레스팅 과정을 한번쯤 들어봤으리라 생각하지만 의외로 많은 분들 혹 레스토랑에서도 이 레스팅 과정을 무시하거나 생략하는 경우가 많다. 바쁘다는 이유로 혹 모른다는 이유로… 스테이크 맛을 좌우하는 요인에는 여러 가지가 있겠지만 레스팅은 육질에 대한 질감이나 맛에 있어서 그 어떤 과정보다도 영향을 크게 미친다고 볼 수 있다. 그렇다면 레스팅의 물리적 현상은 어떨까? 고기가 열원으로부터 가열이 시작되면 고기의 종류에 따라 다르지만 고기에 포함되어 있는 지방이 가장 먼저 녹기 시작한다. 육류의 지방이 녹는 온도는 돼지고기 28~40℃, 쇠고기 40~50℃, 양고기 44~55℃ 정도로 각기 다르다. 지방 다음으로 육류의 70%에 이르는 수분 즉 육즙도 열을 받아 팽창하기 시작한다. 그 후에는 마지막으로 고기 내부의 온도가 올라 50℃에 이르면 단백질이 익기 시작하여 고기의 육질 사이로 빠져나와 배회하기 시작한다.

육류가 그릴에 있을 동안 내부의 지방과 육즙은 열 때문에 매우 높은 압력이 형성되면서 부풀어 팽창한다. 뜨거운 불에서 이런 과정을 거치지만 그 후 열에서 꺼내 상온에 두면 압력이 해소되어 고기 내부가 안정화되면서 육즙이 섬유질 속으로 재흡수된다. 즉 고기의 지방과 단백질이 다시 조금 굳어지며 좋은 질감으로 바뀌게 되는 것이다. 이렇게 육질의 밀도가 향상된 고기는 매끄럽고 육질이 부드러워지는 결과를 가져다주게 된다.

그렇다면 조리된 스테이크를 단순히 상온에 몇 분간 두는 이 단순한 레스팅 과정이 얼마나 큰 효과를 내는지 실험을 통해 확인해보자. 먼저 육류가 조리 과정을 거치며 13%의 무게손실이 일어난다. 문제는 그 이후다. 레스팅을 거치지 않은 육류는 추가로 9%의 무게손실을 가져다 줬다. 육즙이 말 그대로 줄줄 새는 것이다. 이 육즙의 맛은 육즙이 다 빠져버린 고깃덩어리보다 더 큰 향을 품고 있다. 레스팅을 단 2분 30초만 하더라도 9%의 추가 손실을 6%로 줄일 수 있고, 5분 후에는 손실이 단 3% 그리고 7분 30초 이후부터는 단 2%의 추가 손실만 생겼다. 다시 말해서 레스팅을 하지 않은 육류에 비해 무려 7%나 많은 육즙을 지킬 수 있었다는 말이다. 내부 온도는 5분까지는 그대로였으며 7분 30초 때 1℃가 떨어지는 것을 시작으로 10분이 지나자 3℃, 12분 30초가 지났을 때는 대략 8℃ 정도 떨어지는 것을 볼 수 있었다. 다시 말해 레스팅을 하며 육류 손실을 최소화하는 최단 시간은 7분 30초, 내부 온도가 크게 떨어지는 것을 막는 마지막 시간도 대략 7분 30초. 결국 레스팅은 5분에서 7분 30초가 가장 적당하다는 결론이 나온다. 하지만 이것은 일정한 육류와 일정한 크기의 육류로 실험한 결과일 뿐 다른 육류와 다른 크기로 실험한다면 물론 다른 결과가 나올 것이다. 하지만 레스팅의 원리와 효과를 과학적으로 분석하여 나온 자료를 토대로 레스팅이 얼마나 중요한지 좀 더 이해했을 것으로 생각된다.

by Chef 박무현
참고 및 출처 <Kitchen Chemistry of Heston Blumenthal>

시즈닝 맵
: 내가 사용할 양념은 어디있나
SEASONING MAP

우리말로 '조미료, 양념' 등과 같은 의미를 지닌 이 단어는 생각보다 광범위한 식재료를 포함한다. 향신료와 허브, 스파이스, 장 등 요리에 들어가는 수많은 식재료가 시즈닝에 속한다.
시즈닝이 빠진 요리는 맛이 심심하거나 덜하다. 물론 과하게 쓰면 재료의 맛을 덮어버려 시즈닝 맛만 남아 좋지 않지만 적당한 양의 시즈닝은 재료의 맛과 어우러져 맛의 상승효과를 일으킨다. 시즈닝에서 빼놓고 얘기할 수 없는 재료가 두 가지 있는데 바로 소금과 후추다. 시카고에 위치한 미슐랭 3스타 레스토랑 얼리니아Alinea의 셰프 그랜트 애커츠Grant Achatz는 한 인터뷰에서 주방에서 가장 중요한 세 가지 식재료를 묻는 질문에 소금과 후추, MSG를 꼽았다. 그는 이 세 가지만 있으면 모든 음식을 맛있게 만들 수 있다고 이야기했다. 정말일까? MSG에 대해서는 하고 싶은 이야기가 많지만 이번 주제와 조금 다른 이야기가 될 것 같아 차치하고 소금과 후추에 집중해보자.

과거 동서를 막론하고 소금은 귀한 식재료였다. 요리에 간을 맞추는 것은 물론 몸에도 꼭 필요한 요소가 바로 소금이기 때문이다. 그래서 소금을 얻기 위해 교역로가 생기기도 하고 소금이 많이 생산되는 지역에 큰 도시가 생기기도 하는 등 소금은 식재료 이상의 의미를 지녔다. 음식에서 소금의 역할은 매우 다양하다. 요리에 소금을 넣으면 맛을 더하는 역할을 하는데 우리가 요리에 시즈닝을 할 때 '간을 한다'라는 말을 쓰는 것은 소금의 이런 특성을 나타내는 표현인 것이다. 또 소금은 재료의 부패를 늦춰 음식의 저장 기간을 늘려준다. 음식의 저장 기법이 발달하지 못한 과거에는 소금에 절이는 방법을 널리 사용했다. 우리나라의 시즈닝 중 하나인 장에도 소금이 들어간다. 우리 조상들은 소금의 단순한 짠맛에 만족하지 않고 콩의 발효에 의해 생긴 향이나 맛을 더해 풍부한 맛을 지닌 독특한 시즈닝을 만들어 사용한 것이다. 소금의 다양한 역할을 보고 있자니 '소금 같은 사람이 되라'고 한 옛말은 적절한 표현처럼 들린다.
후추도 소금 못지않게 귀하고 중요한 음식이다. 콜럼버스가 후추와 향신료를 구하기 위해 인도와의 항로를 개척하다가 발견한 것이 아메리카라는 사실은 누구나 알 정도로 유명하다. 화폐를 대신하기도 하고, 전쟁의 시발점으로 작용한 경우도 있다. 후추를 얻는 자가 세계를 얻는다고 하니 요리뿐만 아니라 세계사적 입장에서도 매우 중요한 역할을 하는 식재료다. 후추의 역할은 요리에서도 빛난다. 소금의 짠맛으로는 부족한 맛과 향을 후추가 메꿔준다.

또 알싸하면서도 톡 쏘는 맛은 식욕을 돋운다. 소금으로 염장한 고기나 식재료들이 저장 기간이 늘어나기는 하지만 음식에서 나는 좋지 않은 향 때문에 맛에는 한계가 있다. 후추는 이런 향들을 잡아주어 좀 더 오래 음식을 보관할 수 있게 한다. 결국 소금과 후추는 상생의 관계에 있는 것이다.
레시피에 소금과 후추가 들어가지 않는 경우는 거의 찾기 어렵다. 물론 디저트에서는 그 사용 빈도가 적지만 앞서 언급한 셰프 그랜트 애커츠는 디저트도 이들로 충분히 맛을 낼 수 있다고 하니 요리에 있어 소금과 후추는 정말 빠질 수 없는 시즈닝이다.

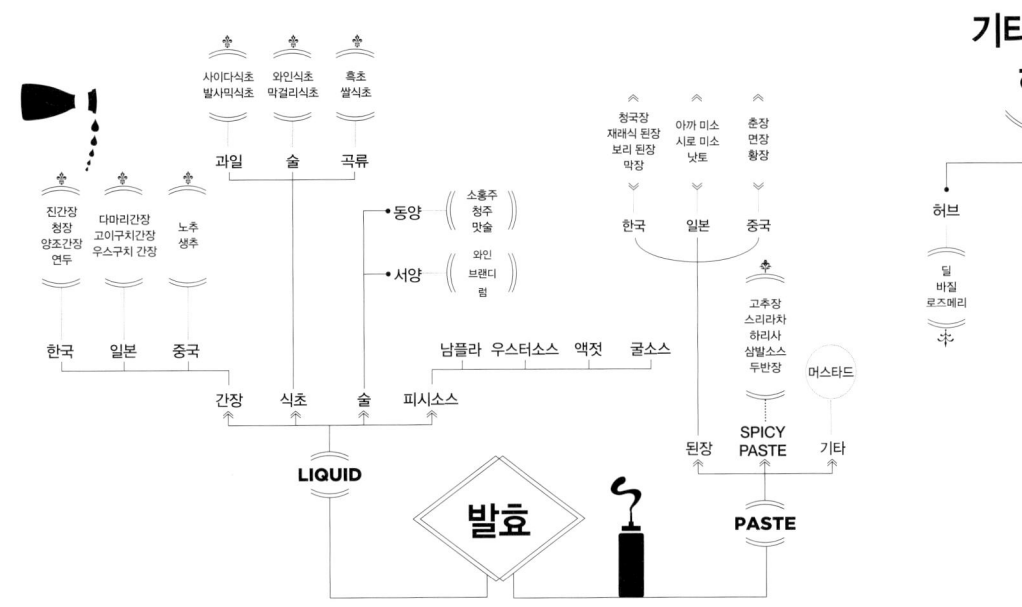
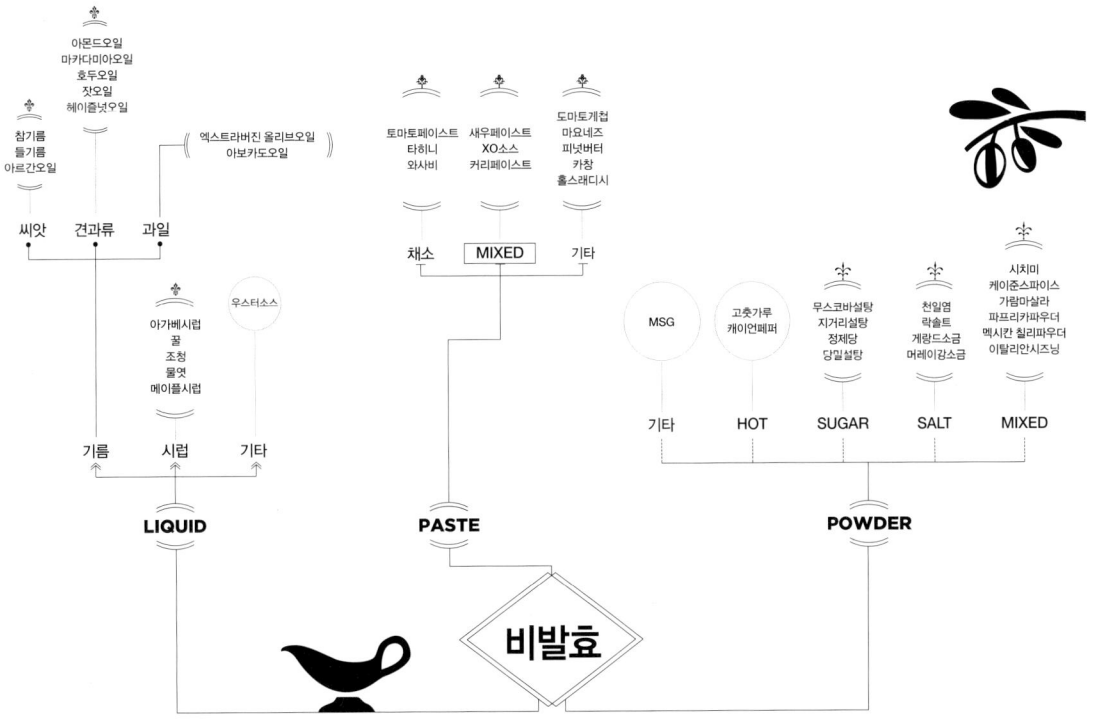

조리법 별 시즈닝 타이밍
: SEASONING TIMING

재료의 특성, 독특한 개성이 담겨있는 시즈닝, 핵심적인 조리법을 조합해 음식에서 다양하게 응용할 수 있는 방법이 있다.
시즈닝을 사용하는 타이밍만 적절히 활용해도 당신은 시즈닝마스터가 될 수 있다.

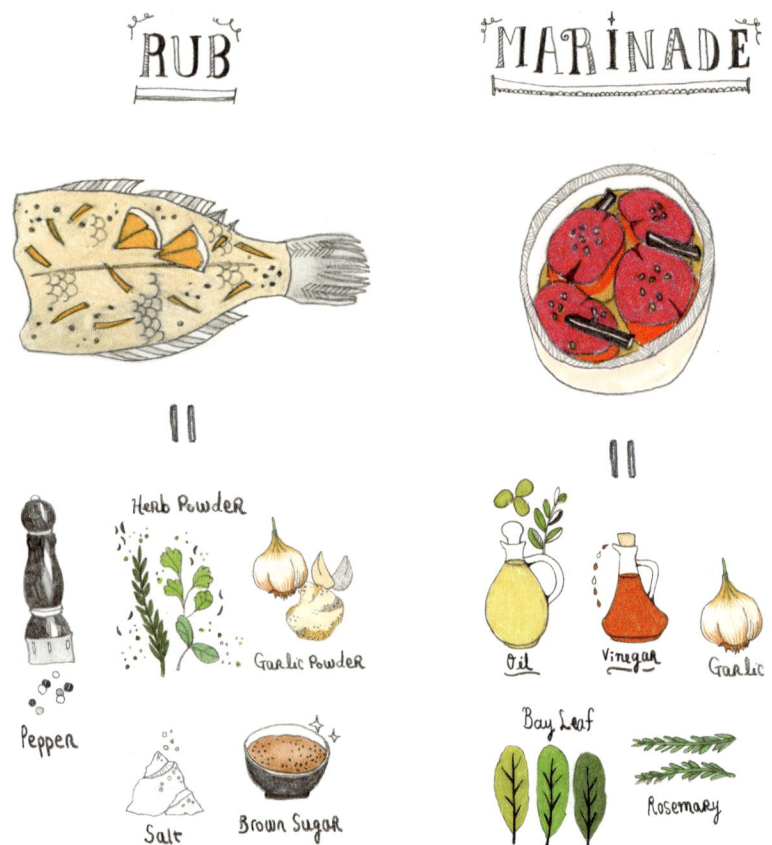

럽
럽Rub은 여러 가지 맛과 향을 내는 양념 재료를 섞어 고기에 문지르는 조리법이다. 럽은 대부분 바비큐에서 사용되는데 크게 드라이 럽Dry rub과 웨트 럽Wet rub으로 구분된다. 드라이 럽은 음식의 기본적인 맛을 내는 소금, 후추, 설탕부터 시작해 마늘가루, 양파가루, 마른 파슬리 가루, 마른 바질 가루, 커민씨드 등 고기에 기본적인 풍미를 더하는 혼합물을 일컫는다. 웨트 럽은 양념 반죽Spice paste이라고 불리기도 하는데 드라이 럽에 오일과 간장 같은 액체를 섞어 걸쭉하게 만든다. 바비큐에서 럽은 단시간에 고기의 맛을 끌어올리는 점이 포인트이다.

마리네이드
마리네이드Marinade는 조리하기 전에 재료에 맛을 스며들게 하거나 조직을 연하게 하기 위해 재워두는 액체 또는 그 과정을 말한다. 식재료의 질감을 부드럽게 하고 향미를 풍부하게 하는 대표적인 조리법인 마리네이드는 채소와 고기의 구분 없이 넓은 범위에서 사용된다. 마리네이드의 핵심은 재료를 담가 재우는 액상에 있는데 레몬주스 또는 라임주스, 식초와 같은 산 성분의 액체가 많이 들어가면 식재료의 조직을 부드럽게 하는 연육 작용을 한다. 그리고 오일이 들어가면 식재료가 조리되는 동안 수분을 유지시켜 촉촉함을 지속하게 한다. 이러한 액체들과 함께 취향에 따라 마늘, 양파, 신선한 허브류, 과일과 같이 다양한 식재료를 넣어 짧게는 6시간부터 길게는 하루 동안 냉장 보관한다. 마리네이드는 대부분 산을 넣어서 장시간 두기 때문에 반드시 유리나 세라믹 용기처럼 산성에 강한 용기에 넣어 보관하는 것이 좋다.

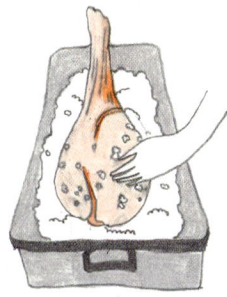   

솔팅

솔팅Salting은 나라별로 염지 또는 염장이라고 불리며 소금을 사용한 식품저장법의 일종이다. 염장을 하는 재료는 각 나라별로 채소, 생선, 육류, 달걀 등으로 광범위하지만 소금을 이용해 절이는 방법은 같다. 식품에 직접 다량의 소금을 뿌리는 마른 간법과 식품을 진한 소금물에 담그는 물 간법으로 구분 지을 수 있다. 소금은 식재료의 수분을 밖으로 끌어내는 탈수작용을 하는데 이때 부패 방지가 되며 소금의 향과 맛이 침투하여 효소의 작용으로 풍미가 생기는 원리를 이용한 것이 솔팅이다.

바스트

바스트Baste는 육즙을 끼얹다라는 사전적 의미로 고기를 굽는 동안 내부를 촉촉하게 하고 껍질이 풍미를 가득 머금도록 하기 위한 두 가지 목적으로 사용된다.
바스팅은 고기의 육즙이 유출되는 것을 막기 위해 올리브오일이나 녹인 버터와 같은 지방성분을 바르는 것으로 시작하였으나 지금은 고기 겉면에 데리야키 소스, 바비큐 소스, 고추장 양념 등을 발라 굽는 방식으로 확대되어 사용된다. 바스팅을 할 때는 고기가 어느 정도 익은 후에 해야하는데 그렇지 않으면 고기가 익기 전에 겉이 타버리는 경우가 생긴다.

싸우쓰

싸우쓰Souse는 액체에 푹 담그다라는 의미로 생선을 향신료가 들어간 와인식초에 넣고 재운 후 천천히 익히는 조리법이다. 싸우쓰에 적합한 재료는 청어, 정어리, 고등어와 같은 등푸른 생선이다. 등푸른 생선은 기름기가 많은데 와인식초에 넣고 끓이면 비린내는 제거되고 질감이 부드러워지며 맛은 담백해진다. 완성된 요리는 같은 재료(와인식초+향신료)에 식히는데, 식초에 절인 맛을 충분히 내기 위해서이다. 일식 조리법인 스이리도 식초에 생선을 담가 끓이며 조리하는 방법인데 작은 생선 한 마리를 통째로 식초를 첨가해서 장시간 끓여 뼈까지 부드럽게 만들기도 하고 초봄에 작은 빙어, 치어를 스이리 하여 전채로 사용하기도 한다.

썰기
: 양식 기본 썰기

식재료의 모양을 다루는 것은 조리의 가장 기본이다. 또한 재료가 얼마나 일정하고 정밀하게 썰어져 조리되었느냐에 따라 음식이 달라져 보인다. 기본 테크닉만 손에 익혀도 요리가 돋보이는 썰기에 대해 알아보자.

양식 특수 썰기

일식 기본 썰기

輪切り 와기리
주재료를 도마 위에 놓고 요리의 목적에 따라 둥글게 써는 방법으로 왼손으로 재료를 가볍게 누르고 오른쪽 끝에서부터 칼을 밀면서 썬다.

亂切り 란기리
가늘고 긴 재료를 왼손으로 잡고 오른쪽에서부터 돌려 가며 불규칙한 'V' 모양으로 써는 방법이다.

ヤエサクラダイコン 야에사쿠라다이콘
재료를 정사각형으로 잘라 년과 각이 신 부분에 칼로 홈을 판 후 끝에서부터 돌려 가며 깎아 벚꽃처럼 된 것을 물에 담가두고 사용한다.

はんげつぎり 한게쓰기리
둥글게 썰기 한 것을 절반으로 잘라 2개로 만드는 방법이다. 보통 레몬이나 당근 등 구이나 초무침에 곁들이는 재료를 썰 때 사용한다.

いちょぎり 이조기리
반달썰기한 것을 절반으로 자른 것으로 냄비 요리나 맑은 국 등 고명으로 주로 사용한다.

櫛形切り 구시가다키리
토마토, 레몬, 양파처럼 둥근 재료를 빗 형태로 자르는 방법으로 재료를 길이로 6~8등분하면 빗살 모양이 된다.

笹がき 사사가키
주로 우엉을 자를 때 사용하는 방법으로 재료를 연필 깎듯이 돌려 가며 얇고 길게 깎고 재료가 두꺼울 때는 세로로 칼집을 넣은 후 깎는다.

한식 기본 썰기

1 돌려깎기
애호박 또는 오이를 4~5cm 길이로 썬 뒤 껍질 부분만 얇게 깎은 후 요리에 알맞은 폭으로 써는 방법이다.

2 나박 썰기
재료를 3~4cm 폭의 정사각형 막대 모양으로 썬 뒤 0.4~0.5cm 두께로 써는 방법이다.

3 저미기
마늘과 생강을 요리에 맞는 두께로 납작납작하게 써는 방법으로 주로 구이나 조림을 할 때 사용한다.

4 송송 썰기
대파나 실파, 고추 등 가늘고 긴 재료를 동그란 모양을 살려 일정한 간격으로 써는 방법이다.

5 으깨기
칼의 옆면을 이용해 주로 마늘 등의 재료를 으깨는 방법으로 재료를 곱게 다지기 전에 자주 사용하는 방법이다.

꼭 알아야 하는 일식 소스 10선

일본 요리에 쓰이는 소스는 크게 간장과 된장을 이용한 장 소스와 식초를 사용한 초 소스 두 가지로 구분된다. 육식이 발달하지 않아 콩을 발효시켜 간장과 된장을 많이 먹어 단백질을 보충했고, 섬이라는 지리적 특성 때문에 어패류를 많이 먹을 수밖에 없어 살균력이 강한 식초를 사용해 식중독을 예방했다. 한국과 비슷하면서도 다른 간장, 된장, 식초를 이용한 소스 중에 꼭 알아야 하는 일식 소스 10선을 소개한다.

1 덴가쿠미소 田楽味噌

일본 가정에서는 일본식 된장 소스인 덴가쿠미소를 육류나 생선, 채소에 발라 구워내는 덴가쿠 구이를 많이 해 먹는다. 적미소와 백미소를 적당한 비율로 섞고 설탕, 청주, 달걀노른자 등을 넣어 되직한 농도가 될 때까지 불 위에서 끓여낸다. 된장이 베이스가 되는 요리에 사용하면 좋다. 덴가쿠 구이 외에도 된장무침 요리나 일본풍 그라탕에 사용한다. 달걀노른자가 들어 있어 된장국용으로는 추천하지 않는다.

2 네리고마 練り胡麻

껍질을 벗긴 참깨를 아주 곱게 갈아 찐득한 페이스트 형태로 만든 소스다. 우리가 흔히 샐러드에 뿌려 먹는 참깨 드레싱의 원료라고 보면 된다. 네리고마에 다시물과 간장, 설탕, 식초 등을 넣으면 참깨 드레싱이 완성된다. 그 외에 무침 요리에 쓰이기도 하고 샤부샤부를 찍어 먹는 소스로도 활용한다. 칡 전분을 섞어 묵처럼 만들어 간장 소스에 찍어 먹기도 한다.

3 도사조유 土佐醤油

회에 곁들이는 간장 소스를 츠케조유つけ醤油라고 하는데 간장 그대로 먹기에는 짠맛이 너무 진해 다양한 부재료를 섞어 만든다. 그중 진간장인 고이구치에 청주와 가츠오부시를 첨가해 풍미를 살린 간장이 도사조유다. 폰즈보다 짠맛과 신맛이 부드럽고 가츠오부시의 감칠맛까지 더해져 조림을 할 때도 쓰인다. 도사조유를 베이스로 고운 체에 내린 매실을 첨가한 간장은 바이니쿠조유梅肉醤油로 갯장어 회와 잘 어울린다. 도사조유에 네리고마를 첨가한 고마조유胡麻醤油는 고등어, 오징어 회에 잘 어울린다.

4 폰즈 ポン酢

청주와 다시마, 가츠오부시 등을 섞은 간장을 끓인 후 영귤과 유자 등의 감귤류즙을 첨가해 숙성시킨 간장 소스다. 주로 복어나 도미, 광어 등 흰 살 생선 회를 찍어 먹지만, 냄비 요리나 무침 요리에도 두루두루 쓰인다. 돈가스와 햄버거처럼 기름기가 많은 음식에 곁들여 깔끔함을 더하기도 한다.

5 데리야키 소스 照り焼きソース

일본의 대표적인 소스 중 하나로 달콤 짭조름한 맛에 인기가 좋아 일본식 구이 요리의 베이스로 많이 사용한다. 간장에 맛술, 청주, 설탕, 마늘, 생강, 고추, 청유자 고추 페이스트인 유즈코쇼柚胡椒 등을 넣어 약한 불에서 반으로 줄어들 때까지 뭉근하게 끓여낸다. 살짝 태운 파를 넣어 풍미를 주기도 한다. 반짝거린다는 뜻의 '데리'가 붙은 것처럼 육류 요리에 데리야키 소스를 바르면 육질을 부드럽게 하며 윤기가 흘러 더욱 풍미를 좋게 한다.

6 도사즈 土佐酢
일본의 혼합 식초 중 하나로 식초에 간장이나 설탕, 물, 다시마, 가츠오부시 등을 섞어 가열해 식힌 후 사용하는 것이 특징이다. 주로 초무침에 사용하며 젤라틴을 넣고 굳혀 젤리 상태의 소스로 사용하기도 한다.

7 가바야키 타레 蒲焼たれ
살을 발라내고 남은 장어뼈를 태우듯이 구워 간장, 설탕, 식초, 맛술과 함께 끓여낸 단맛이 나는 간장 소스다. 민물장어, 붕장어에 모두 쓰이며 장어처럼 기름기 많은 생선에 잘 어울린다. 데리야키 소스와 비슷하지만 구운 장어뼈가 들어가 감칠맛이 더욱 진하게 느껴지는 것이 특징이다.

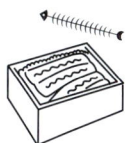

8 스이지 吸地
일본의 국물 요리인 스이모노吸物의 국물이자 소스의 역할을 한다. 다시마와 가츠오부시로 뽑은 다시에 소금, 연간장, 청주, 일본 된장 등으로 국물을 부담없이 마실 수 있을 정도로 연하게 간한다. 여름에는 담백하게 즐길 수 있고 겨울에는 조금 진하게 간을 해 따뜻하게 마신다. 때로는 간 순무나 고운 체에 내린 채소를 섞어 농도를 입히기도 한다.

9 벳코앙, 긴앙 べっこうあん, 銀あん
스이지보다 간을 진하게 한 다시에 전분물로 농도를 입힌 소스를 말한다. 벳코앙은 진간장을 넣어 진한 색을, 긴앙은 연간장을 넣어 투명한 빛깔을 유지한다. 찌거나 삶아낸 생선과 육류에는 벳코앙을, 채소에는 긴앙을 소스로 활용한다.

10 난반즈 南蛮酢
기름에 튀기거나 파, 고추를 사용한 요리에 '난반'이라는 이름을 붙인다. 튀겨낸 재료나 채소를 절임 국물에 담가 맛이 배어들게 하는 요리를 난반즈케南蛮漬け라고 부른다. 여기서 절임 국물이 바로 난반즈. 간장, 설탕 등을 넣은 다시에 식초 등의 산미가 있는 재료를 넣어 만든 절임지의 한 종류다. 특히 튀긴 생선이나 닭고기를 절여 먹는다.

● 나카무라 아카데미
2009년 개교한 나카무라 아카데미. 1949년 일본 후쿠오카에 창립한 나카무라 조리제과전문학교의 한국 분원이다. 일본의 제과제빵과 일본 요리를 전문으로 가르치는 교육기관으로 전 교수진이 본교의 일본인 전임교수다. 6개월 과정(일본 요리, 제과, 제빵)은 매년 4월과 10월, 1년 과정(일본 요리 주말반)은 매년 4월에 입학한다.
Add 서울시 강남구 학동로31길 12 벤처캐슬빌딩 1층
Tel 02-540-1711

음식과 올리브오일
: OLIVE OIL

와인과 음식의 궁합을 맞춰 먹는 것은 많이들 아는 상식이다. 레드와인은 육류, 화이트와인은 생선류 등으로… 하지만 엑스드라버진올리브오일노 요리에 따라 다르게 맞춰야 한다는 사실을 아는지?

엑스트라버진올리브오일을 요리에 맞출 때는 가열하지 않은 상태의 오일을 완성된 요리에 살짝 뿌려주는 것을 의미한다. 그렇게 함으로써 신선한 엑스트라버진올리브오일의 맛과 향이 완성된 요리와 어우러져 전혀 다른 차원의 요리를 즐길 수 있다.

대표적인 오일과 그에 어울리는 음식
D.O.P Ligure & 섬세한 맛의 음식
과실향이 강하지 않고, 쓴 맛과 매운맛이 약한 스위트한 올리브오일은 요리 자체의 향을 살리는 역할을 하기 때문에 찜요리나 양상추, 치즈 등과 잘 어울린다.

D.O.P Toscano 또는
Monocultivar Frantoio & 샐러드 요리
과일향이 살짝 나면서 약간 쓰고 매운맛이 나는 올리브오일은 요리 자체가 가지고 있는 특성을 최대한 끄집어낸다. 그래서 재료 자체의 맛을 즐기는 샐러드 요리에 잘 어울린다.

D.O.P Sicilia 또는 Monocultivar Nocellara Del Belice. & 양념이 강하고 향이 깊은 음식
(그릴 스테이크, 채소수프 등)
강한 과일향과 매운맛, 쓴맛이 두드러지는 올리브오일은 양념과 향이 진하고 풍미가 깊은 요리와 잘 어울린다. 요리의 향과 잘 섞여 더 깊은 향과 복잡한 맛을 끌어내주기 때문이다.

엑스트라버진올리브오일의 구입과 올바른 보관 방법
아무리 좋은 엑스트라버진올리브오일을 구입했다 하더라도 보관을 잘못하면 전혀 의미가 없게 된다. 엑스트라버진올리브오일은 마치 신선한 주스와 같다. 따라서 상하지 않게 보관하는 것이 매우 중요하다. 엑스트라버진올리브오일의 가장 큰 적은 햇빛, 공기 그리고 열이다.

엑스트라버진올리브오일을 구입할 때 아래의 사항에 유의하자.

반드시 유리병 재질로, 그리고 병에는 자외선을 차단하기 위한 처리(주로 어두운 색상 또는 금박 등으로 완전히 햇빛을 차단)된 제품을 구입하자. 플라스틱병과 유리병의 차이에 대해 여러 가지 말들이 있는데, 만약 이탈리아에 여행을 가게 된다면 꼭 근처 마트에 들어가서 올리브오일 코너를 살펴보기 바란다. 과연 그곳에 플라스틱병에 들어 있는 엑스트라버진올리브오일이 있는지. 그들이 왜 유통하기 편한 플라스틱병을 쓰지 않고 잘 깨지는 유리병을 그토록 고집하는지는 스스로에게 반문해보면 알 수 있을 것이다.

여기서 불편한 진실 하나. 유럽의 마트들을 돌아다니다 보면 심심찮게 하얀 가루가 흩날리는 코너들이 있다. 바로 밀가루 코너인데, 밀가루를 포장하는 포장 재질이 얇은 종이이기 때문에 이것들이 찢어지는 경우가 있어 밀가루가 공중에 휘날리게 되는 것이다. 하지만 국내 마트에서는 그런 경우가 없다. 왜냐하면 밀가루 포장을 모두 플라스틱 재질로 바꿨기 때문이다. 한번은 필자와 친한 이탈리아 밀가루 회사의 담당자에게 왜 불편하게 종이를 사용하느냐고 물어보았다. 대답은 간단했다. "밀가루가 숨을 쉬어야 하기 때문이다." 즉, 소비자에게 최적의 상태로 밀가루가 전달되기 위해서는 유통 과정에서 힘들더라도 종이 재질을 사용하는 게 옳다는 것이다. 소비자 중심이냐, 유통 중심이냐 뭐가 옳은지는 굳이 말씀드리지 않겠다.

엑스트라버진올리브오일 보관 시 유의해야 할 사항들을 자세히 살펴보자. 위에서 말했듯 원칙은 햇빛, 공기, 열과의 접촉을 최대한 차단하는 것이다. 이는 모두 오일의 산화를 방지하기 위한 것으로 아래의 방법으로 보관하면 비싸게 주고 산 엑스트라버진올리브오일을 오랫동안 좋은 상태로 먹을 수 있다.

사용 후 뚜껑은 반드시 닫고 어두운 곳, 열기에서 멀리 떨어진 곳에 보관한다. 사용 후 뚜껑을 열어놓으면 산화가 시작된다. 그리고 뚜껑을 열어놓은 채 식초나 간장 근처에 보관하면 그야말로 금방 맛이 변한다. 오일은 주변의 냄새를 빨아들이는 습성이 있어 식초와 간장같이 향이 센 식품들 곁에 두면 그 향이 밴 오일을 먹게 된다. 열기도 산화를 빨리 진행시키기 때문에 열기와 멀리 떨어진 곳에 보관한다.

마지막으로 햇빛이 있는 곳에 꺼내놓지 않도록 한다. 엑스트라버진올리브오일은 주방이라는 감옥에 가둬놓고 절대 빛 볼 일이 없도록 해야 한다. 공기, 열기, 햇빛 중 오일의 산화를 가장 빠르게 가속시키는 것이 바로 햇빛이다. 막 구입한 엑스트라버진올리브오일을 햇빛에 하루 정도만 놓아두면 산도가 식초에 버금가는 오일로 변해버린다.

올리브오일에 대한 몇 가지 통계

품종
전 세계에 약 2000개 품종, 이탈리아에 약 700개 품종

생산지
유럽 스페인 57%, 이탈리아 25%, 그리스 16%, 기타 2%
전 세계 유럽 75%, 튀니지 6%, 기타 19%

전 세계 식용유 소비 현황 콩기름 26%, 유채씨유 14%, 해바라기씨유 11.5%, 올리브오일 4.5%

by 올리타리아 한국 지사장, 김관호

장,
한식의 기본

우리나라의 대표적인 양념인 장은 발효 과정을 거쳐 만들어진다. 발효란 미생물이 자신의 효소로 유기물을 소화 또는 변화시켜 유익한 최종 산물을 만들어내는 현상을 일컫는다. 서양의 시즈닝이 단순히 식재료 자체를 첨가해 맛을 내는 것과 달리 우리의 장은 화학적인 변화를 거쳐 색다른 풍미를 더한 시즈닝을 개발해 요리에 사용한다는 사실이 흥미롭다.

된장, 간장, 고추장은 우리가 흔히 알고 있는 한국의 장이다. 세 가지 장들은 또 담그는 방식이나 맛, 지역에 따라 세부적으로 더 분류할 수 있다. 세부 분류에 앞서 세 가지 장에 공통적으로 들어가는 메주에 대해 알아볼 필요가 있다. 말장이라고도 하는 우리나라의 메주는 콩을 삶아 찧어서 한 덩어리로 만들어 발효시킨 것으로 철기시대부터 만들어져 우리나라 장의 주류를 이루었다. 메주는 따뜻한 곳에 볏짚과 함께 보관, 볏짚이나 공기 중의 미생물이 메주의 콩에 달라붙어 발육을 하게 되는데 이때 미생물은 콩의 성분을 분해하면서 다양한 분해 효소를 분비, 장에 고유한 맛과 향을 더하는 미생물이 활발히 번식하게 된다. 이 메주를 소금물에 담가 숙성시켜 건더기는 된장으로, 액은 간장으로 사용한다. 고추장은 메주를 가루 내어 찹쌀가루나 밀가루, 보릿가루 등과 섞은 뒤 고춧가루, 소금 등을 넣고 버무려 만든다.

간장

간장은 투명하고 옅은 청장(국간장)에서부터 해를 거듭하여 묵힌 진장까지 고루 만들어 음식에 맞게 골라 썼다. 국이나 나물 등 단맛이 필요 없는 음식에는 맑고 색이 옅은 청장을 넣어 재료의 색을 그대로 살리면서 담백한 맛을 낸 반면, 구이나 찜, 조림 등 진한 빛을 내는 음식에는 오래 묵혀 단맛이 나는 진장을 썼다. 간장은 만드는 방법에 따라 양조간장과 화학간장으로도 구분할 수 있다. 메주를 사용해 담그는 양조간장은 또 메주를 자연적으로 발효시켜 만든 재래식 간장과 누룩곰팡이로 발효시킨 개량 메주를 사용한 개량간장으로 구분할 수 있다. 현재 시판되고 있는 양조간장은 대부분은 개량간장이라고 생각하면 된다. 발효시켜 만드는 양조간장과 달리 화학간장은 콩 단백질을 염산으로 분해시켜 아미노산액을 만들어 소금으로 간을 맞춰 만드는 것으로 산 분해 간장이라고도 한다. 여기에 감미료와 캐러멜 색소를 더해 색과 향을 입혀 간장의 형태를 만든다. 만드는 시간이 짧고 값이 싸지만 양조간장에 비해 향이나 맛이 떨어지는 단점이 있다. 그래서 양조간장과 화학간장을 섞은 혼합간장을 만드는데 시판되는 대부분의 간장이 바로 혼합간장이다.

된장

된장은 크게 재래된장과 개량된장으로 구분할 수 있다. 재래된장은 또 간장을 얻고 난 부산물로 만든 전통적인 된장(막된장)과 된장만을 만들기 위해 담근 청국장, 막장 등의 속성된장으로 나뉜다. 전통적인 된장은 간장의 부산물로 간장과 된장의 맛은 서로 상반된다. 발효가 잘 된 메주를 사용하면 간장 맛은 좋지만 된장 맛이 떨어지고, 발효가 덜 된 메주를 사용하면 된장의 맛이 좋은 반면 간장의 맛이 떨어진다. 전통적인 된장에는 바실러스 서브틸러스라는 미생물이 맛에 가장 중요한 영향을 미친다. 하지만 자연적인 발효를 하는 된장은 다양한 미생물이 침투하기 때문에 때에 따라 위생상의 문제가 발생하거나 맛이 떨어지는 경우가 발생할 수 있다. 반면 개량된장은 의도적으로 유익한 미생물만 배양하기 때문에 제조 기간도 빠르고 위생상으로도 안전하다.

고추장

고추장은 담글 때 섞는 전분의 차이에 따라 다양한 고추장이 만들어진다. 찹쌀고추장, 멥쌀고추장, 보리고추장, 엿고추장, 밀고추장, 수수고추장, 팥고추장, 무거리고추장, 고구마고추장 등 그 종류가 매우 다양하다. 재래식 고추장도 메주를 이용하는데 간장에 쓰는 메주와는 만드는 방법이 조금 다르다. 간장용 메주는 단순히 콩만을 넣어 만들지만 고추장용 메주는 콩과 찹쌀가루를 혼합해 만드는데 보통 콩 양의 20% 정도의 찹쌀가루를 넣어 만든다. 재래식 고추장도 재래식 된장, 간장과 같이 자연발효에 의해 숙성되다 보니 시간이 오래 걸리고 간혹 유해한 미생물에 의해 품질이 떨어지는 경우가 발생할 수 있다. 또 당화나 단백질 분해가 활발하지 않아 맛이 떨어질 수 있는데 이를 보완하기 위해 메주에 당화력과 단백질 분해력이 뛰어난 미생물을 접종해 만든 개량메주를 사용하기도 한다. 개량메주를 사용한 개량고추장은 숙성 기간이 짧고 잡균이 섞이지 않아 깨끗한 맛을 낼 수 있다.

중국요리의 기본

중국 요리는 프랑스, 터키 요리와 더불어 세계 3대 요리에 꼽힌다. 유유하게 흐르는 황하처럼 기나긴 역사를 가지고 있는 중국 요리는 960만㎢의 드넓은 중국 대륙에 살고 있는 56개 다양한 민족의 생활상이 고스란히 축적된 문화의 산물이라고 할 수 있다.

음식을 하늘처럼, 약식동원藥食同源

반고班固는 한서漢書에서 '임금은 백성을 근본으로 삼으며, 백성은 먹는 것을 하늘로 여긴다王者以民为本. 民以食为天'라고 했다. 역대 중국 황제들도 나라를 다스리는 데 가장 중요한 문제는 백성을 굶기지 않는 것이라고 했다. 우리나라 사람들은 습관적으로 의식주라고 말하지만 중국인들은 식의주라고 할 정도로 식생활에 큰 비중을 두는 것을 보아도 중국인에게 음식은 매우 중요한 요소임을 알 수 있다. 의는 예의와 체면과 관계가 깊다. 그만큼 우리나라 사람은 예의와 체면을 중요시하는 반면, 중국인들은 먹는 것이 우선이다. 식생활을 중요하게 생각하다 보니, 음식과 의약의 뿌리가 같다는 약식동원藥食同源의 사상으로 몸을 보하여 병을 예방하는 것이 병을 약으로 치료하는 것보다 더 가치 있다는 중의학의 근원으로 발전하기에 이른다.

칼刀과 불火

중국 요리는 재료의 선택, 칼을 사용하는 기교, 불의 사용과 조미료의 배합이 중요한데 이 가운데 칼과 불은 아주 중요한 요소다. 일반적으로 사용하는 식칼에 비해 중국의 요리칼菜刀은 길이는 짧고 너비는 2배 이상 넓으며 모양은 거의 사각형에 가깝다. 묵직하고 넓적해서 자칫 둔해 보일 수 있지만, 오히려 재료의 손상도 적고 장시간 사용해도 편리하다. 칼 하나로 채소를 다지기도 하고 육류를 썰기도 한다. 그래서 칼을 다루는 기교가 무엇보다 중요하다. 예를 들어 돼지고기는 비스듬히 썰어야 고기가 질기지 않고 부드러워진다거나, 닭고기나 생선류는 결에 따라 썰어야 식감이 좋다거나, 쇠고기와 양고기는 결에 따라 썰면 질겨지므로 고기결의 수직 방향으로 잘라주어야 한다거나 각기 그 방법이 다르다.

한국에서 사용하는 조리용 팬은 보통 지지거나 튀기는 데 적합하도록 밑바닥이 평평한 모양이다. 그러나 중국 요리에 쓰이는 팬은 밑바닥이 깊고 원추형으로 둥근 모양을 하고 있다. 그래서 프라이팬 하나만으로도 볶고, 데치고, 굽고, 삶는 등의 다양한 요리법에 적합하게 만들어졌다. 국물이 있는 탕 요리를 할 때도 냄비가 따로 필요 없다. 그렇기 때문에 팬을 사용하는 데도 고도의 기교가 요구된다.

중국에는 '기술이 3이면 불을 다루는 것이 7이다三分技术·七分火'라는 말이 있을 정도로 불은 음식을 익히는 1차적인 기능 이외에도 색과 향, 맛을 결정짓는 요소이기도 하다. 요리할 때 불의 세기와 시간을 조절하면서 냄비를 채질하거나 재료를 뒤집어줘야 재료의 맛이 살아난다. 이 안에는 센불의 사용으로 고온 처리가 가능함과 재료를 공중에 올려 순간적으로 식혔다가 다시 높은 온도의 팬에 떨어뜨려 익히는 조리 원리가 숨어 있다.

궁중요리의 집대성, 만한전석滿漢全席

각 지방의 향토 음식이 궁 안으로 들어오게 되면 그 요리는 궁중요리로 바뀌게 된다. 긴 시간 왕조는 수없이 바뀌어도 궁중요리의 전통은 꾸준히 전해지다가 마침내 하나의 체계로 종합되어 집대성된 것이 바로 만한전석이다. 만한전석은 궁중 연회음식에서 비롯되었다. 이 상차림이 최초로 형성된 것은 호화로운 연회를 차리는 풍조가 만연했던 청나라 중엽이다. 만주족과 한족 관리들은 늘 연회를 베풀어 서로를 초대했는데 이민족 간 화합을 바라는 정치적 목적으로 상대방의 환심을 사기 위해 만주족이 한족을 초대할 때는 자기 민족 요리가 아닌 한족요리로, 한족은 또 만주족요리로 서로를 대접하곤 했다. 그러다가 강희제康熙帝 회갑 잔치에 궁중에서 만주족과 한족의 유명한 요리들을 선별해 대규모 연회를 준비하게 되었는데 이것이 최초의 만한전석이다. 만한전석은 중국 각 지역에서 진상된 진귀한 식재료와 요리법을 바탕으로 궁중 어선방 조리사들의 손에 의해 장기간에 걸쳐 다듬어진 요리들로 구성되었다. 하루에 두 번, 사흘 동안 식사를 하는데 하루에 4개의 세트요리가 나오고, 매 세트요리에는 주 요리 하나와 20가지 보조 요리가 포함된다. 그리고 여기에 냉채류, 건과류, 꿀 전병, 간식, 과일 등을 합치면 그 수만 해도 180여 가지나 된다.

한국식 중국 요리, 중화요리中華料理

1883년 인천 개항으로 산둥 지방 출신 근로자들이 국내에 들어와 만들어 먹던 요리가 중화요리의 근간이 되었다는 것은 이미 잘 알려져 있다. 이후 고급 중식당이 들어서며 최초로 짜장면을 만든 곳으로 알려진 인천의 '공화춘'이나 '중화루', 서울 명동 일대의 '아서원', '취천루', '금곡원', '대관원', '사해루' 등이 이 시기 대표적인 중화요리점이라고 할 수 있다. 인천과 명동이 중식당의 1세대 격이라면 1970년대 이후부터는 중식당의 명맥이 연희동과 연남동 일대로 이어졌다. 연희동과 연남동은 1969년 한성 화교 학교가 명동에서 옮겨오며 본격적으로 차이나타운으로 조성되었다. 중국식 고급 요리는 호텔을 중심으로 발달했는데, 2000년대 초반 강남 일대 레스토랑이 트렌드를 주도하면서 중국 음식도 새로운 국면에 들어서게 된다. 고급 중식당을 비롯해 중국 현지 브랜드, 아메리칸 스타일의 차이니즈 레스토랑 등이 국내 대거 등장하면서 중화요리도 다양한 모습으로 변모 중이다.

처트니
: CHUTNEY 무궁무진한 인도의 처트니 세계

처트니Chutney는 '핥아 먹다'를 의미하는 인도 고대어 Catni에서 파생된 말로 채소, 과일, 식초, 향신료 등을 넣고 섞어 만든 인도의 소스다. 서양에서 즐겨 먹는 달콤새콤한 맛의 처트니는 본래 인도에서 만들어졌다. 처트니에 들어가는 재료는 워낙 다양하며 종류만도 수십 가지에 이른다.

애피타이저부터 메인 그리고 디저트까지 다양하게 사용되는 처트니는 흔히 과일이 들어가 달콤하고 끈적한 잼jam 형태를 많이 떠올린다. 최초의 처트니는 끈적한 과일을 베이스로 만들어졌는데, 당시 인도에 설탕을 만드는 원료인 사탕수수가 널리 재배되지 않아 지금보다는 좀 더 묽은 형태로 만들어졌다. 현재 처트니는 익히거나 절인 채소와 단맛이 나는 과일, 건포도, 건과류, 향신료를 끓여서 잼이나 죽처럼 만든다. 인도의 가정에서는 철 따라 구할 수 있는 재료들을 모두 조합해 매일 새로 만든 신선한 처트니를 식탁에 올린다. 그때그때 처트니에 넣는 재료가 달라 매콤한 맛부터 달콤한 맛까지 다양해 어느 형태의 질감이나 맛이 정답이라 말할 수 없다.

처트니의 어원으로나 음식으로서의 기원으로나 고향은 인도지만, 세계적으로 처트니를 유명하게 만든 데는 영국의 역할이 크다. 처트니는 대영제국 시대 당시 큰 인기를 얻었으며 그 이후 영국에서 상업적으로 퍼지고 대량 생산되어 지금까지 애용되고 있다. 인도의 처트니가 스파이시하고 식초와 양파, 마늘과 같은 향과 맛이 강한 재료로 과일의 자연적인 단맛과 균형을 맞춘 반면, 서양의 처트니는 타마린드와 야자설탕을 첨가해 서양인들의 입맛에 맞게 달콤하게 만들었다.

인도에서는 한끼 식사에 처트니 4-5가지를 곁들여 주식인 난을 찍어 먹고 인도에서 빼놓을 수 없는 카레를 만들 때 넣기도 한다. 또한 서양에서 처트니는 주로 침샘을 자극해 고기가 잘 넘어가도록 스테이크를 먹을 때 입맛을 돋우는 역할을 하며, 크래커와 빵에 스프레드로 발라 즐기기도 한다.

참고 <India : The Cook Book>

치미추리
:: CHIMICHURRI 세계가 좋아하는 남미의 대표소스

이름도 생소한 치미추리Chimichurri는 아르헨티나에서 스테이크 위에 얹거나 곁들여 먹는 대표적인 소스다. 아르헨티나는 세계에서 가장 좋은 육질의 쇠고기 생산국이며 더불어 쇠고기 소비량 역시 세계에서 가장 높은 비율을 보이고 있다. 아르헨티나 사람들은 아사도Asado(쇠고기에 소금을 뿌려 숯불에 구운 아르헨티나의 전통 요리)에는 아무것도 곁들이지 않는데 단, 치미추리는 예외다.

먼저, 치미추리 이름의 기원은 대부분의 음식에 관한 이야기가 그렇듯 서로 다른 여러 이야기들이 전해진다. 그중 하나는 아르헨티나에서 키운 기름기가 적은 쇠고기의 육질을 부드럽게 하기 위해 식초를 사용해 소스를 만들었는데, 그 소스를 만든 유럽 이주민의 이름인 지미 매커리Jimmy McCurry나 지미 커리Jimmy Curry가 변형되어 치미추리라는 이름이 생기지 않았을까 짐작할 뿐이다.

치미추리 소스는 올리브유, 이탈리안 파슬리와 같은 허브류, 스파이스 등을 섞어 만든다. 방법은 매우 간단하지만 남아메리카 전역에 이루 셀 수 없을 만큼 레시피가 많으며, 만드는 사람들도 자기만의 비밀 조리법이 있다. 기본 레시피로는 올리브유를 베이스로 파슬리, 오레가노, 양파, 마늘 등을 다져 넣고 소금, 후춧가루와 레드 또는 화이트 와인 식초로 간을 하면 완성이다. 첫 맛은 식초의 짜릿한 새콤함이 느껴지고 뒷맛은 올리브유가 깊게 밴 상큼한 허브 향이 식욕을 돋운다. 고수, 바질, 레몬, 발사믹 식초, 칠리, 파프리카를 넣어 풍부한 맛을 내는데 치미추리를 즐기는 데 있어 나름대로의 비법이다. 치미추리는 만든 후 바로 먹는 것보다는 각 재료의 맛이 잘 어우러지도록 냉장고에 넣어 하루 정도 숙성시키는 것이 포인트다.

아르헨티나에서는 주로 쇠고기 스테이크와 치미추리를 함께 즐기지만 고기의 맛을 방해하는 소스가 아니기에 새콤매콤한 맛이 어떤 육류라도 자체의 맛을 잘 살려주는 역할을 한다. 또 치미추리는 고기를 마리네이드할 때에도 사용해 어찌 보면 고기와 최고의 궁합을 보여주는 소스라고 할 수 있다.

참고 <죽기 전에 꼭 먹어야 할 세계 음식 재료 1001, 마로니에북스>

치즈의 종류
: CHEESE 생산 과정별 치즈 분류

블루 치즈
치즈에 있는 푸른색 마블 곰팡이 덕분에 블루 치즈라는 이름으로 부른다. 치즈를 응고하는 과정과 틀에서 모양을 잡는 과정에서 푸른곰팡이 포자를 주입한다. 숙성 과정을 거치면 곰팡이가 자라 치즈에 작고 불규칙한 푸른 구멍을 만든다. 강하고 진한 맛을 내는 이 치즈는 호두나 건포도가 들어간 빵과 잘 어울린다. 또한 샐러드, 수플레, 키쉬, 디저트까지 여러 요리에도 활용할 수 있다.

생치즈
생치즈는 치즈의 '소년기'로 불릴 정도로 쫀쫀하고 순한 풍미를 가지고 있다. 부드러운 맛과 톡 쏘는 시큼함을 품은 신선한 치즈다. 다른 치즈와는 달리 정련 과정을 거치지 않기 때문에 우유처럼 흰빛을 그대로 간직하고 있다. 수분도 많고 변질이 쉬우므로 가장 맛있을 때 빨리 섭취하는 것이 좋다.

경성 치즈
단백질과 칼슘 보충을 위한 겨울 식량으로 고산 지대의 목장에서 만든 것에서 유래한 치즈다. 경성 치즈는 주로 크기가 아주 크고, 노란색 껍질을 가지고 있으며, 구멍이 뚫려 있는 것이 특징. 커드를 성형하면서 높은 온도로 가열해 유청이 빠져 나오는데, 이때 구멍이 생기면서 남아 있던 유청이 많이 빠져 나온다. 섬세한 과실 향을 갖고 있으며 부드럽고 폭신한 치즈부터 단단한 치즈까지 여러 종류가 있다. 식사 후에 먹기도 하고, 여러 요리의 재료로 활용되기도 한다.

염소젖 치즈
염소젖 특유의 맛을 지닌 이 치즈는 제조 과정에 따라 생치즈에서 경성 치즈에 이르기까지 다양한 종류가 있다. 저온 살균한 염소젖으로 만들기도 하고, 살균하지 않은 생유로 만들기도 한다. 100% 염소젖으로 만든 순염소 치즈와 소젖을 섞어 만든 반염소 치즈 두 종류로 나눌 수 있다.

반경성 치즈
호두껍데기처럼 딱딱한 껍질 속을 갈라보면 부드러운 살을 감추고 있다. 1~12개월 정련 기간에 따라 치즈 두께는 조금씩 달라진다. 정련 과정 동안 치즈를 뒤집어가며 골고루 공기에 노출하고 솔질하는 등의 과정을 규칙적으로 반복해야 한다.

가공 치즈
가공 치즈는 치즈를 녹여 만들거나 여러 치즈를 섞어 만들기도 한다. 또한 우유, 버터, 크림과 같은 다른 종류의 유제품을 첨가해 만들기도 하며 천연 향, 견과류, 햄, 마늘 및 향신료를 첨가해 다양한 맛을 표현하기도 한다.

껍질을 닦은 연성 치즈
이 연성 치즈는 특유의 강한 냄새로 유명하다. 아무리 여러 겹으로 감싸 포장해도 새어 나오는 치즈 냄새를 막을 수 없을 정도. 껍질은 오렌지색으로 미끈하고 반짝거리며 말랑말랑하고 속은 아이보리색을 띠고 있다. 연성 치즈를 만드는 과정에서 소금물에 씻거나 껍질을 솔질하는 과정이 더해지면서 짙은 농도와 강한 향, 맛을 갖게 된다.

흰색 피막의 연성 치즈
이 연성 치즈는 모두 장인의 숙련된 정련 과정을 거쳐야 비로소 탄생되는 치즈다. 꽃이라 불리는 흰 곰팡이는 부드럽고, 그 안은 말랑말랑한 질감의 페이스트를 품고 있다. 버섯, 효모, 이끼, 헤이즐넛, 버터와 같은 풍부한 맛을 느낄 수 있다.

크렘 파티시에
: 활용도 100% 제과기술
CRÉME PÂTISSIERE

프랑스에서는 17세기부터 우유, 달걀, 밀가루를 가열해 만든 걸쭉하고 진한 소스를 크렘 파티시에라했다. 영어로는 커스터드 크림이라고 부르는 아주 친숙한 맛의 크림이다.

크렘 파티시에를 만들 때 가장 강조하는 점은 청결이다. 우유와 달걀노른자, 호화된 전분 모두 변질이 쉽기 때문에 미생물의 번식을 막는 빠르고 깨끗한 작업이 필요하다.

by Pâtissier 이민철

크렘 파티시에

Ingredients
우유 500g, 바닐라빈 1개, 설탕(A) 63g, 설탕(B) 63g, 달걀노른자 120g, 옥수수전분 40g

1

우유에 바닐라빈과 설탕(A)을 넣고 따뜻한 정도로 끓인다.

TIP

바닐라빈은 길게 반으로 가른 뒤 속 씨를 긁어내 사용한다. 끓인 뒤 껍질을 건져낼 수 있으므로 껍질도 함께 끓인다. 바닐라빈 대신 달걀의 비린 내를 억제하고 풍미를 개선하기 위한 재료로 키쉬, 럼주, 그랑 마니에르 등의 술을 추천한다.

2

달걀노른자에 설탕(B)과 옥수수전분을 넣어 재료가 완전히 섞이도록 거품기로 젓는다. 노른자에 설탕을 넣고 바로 젓지 않으면 설탕이 굳어 풀어지지 않으니 주의할 것. 전분의 종류에 따라 호화 온도나 점도가 다르기 때문에 우유나 달걀노른자의 양을 조절한다.

3

데워진 우유의 절반을 **2**에 조금씩 넣어가며 섞는다. 반대로 뜨겁고 많은 양의 우유에 **2**를 넣으면 쉽게 뭉치고 덩어리질 수 있다.

4

3을 나머지 우유와 섞는다. 체에 한 번 걸러 바닐라빈 껍질이나 뭉쳐 있는 이물질을 제거한다.

5

중불에서 천천히 끓이면서 저어준다. 바닥부터 덩어리가 지기 시작하면 거품기를 이용해 빠르게 저어가며 끓인다. 덩어리는 점점 없어지고 되직하게 뭉치기 시작하는데, 계속해서 저으면 윤이 나는 크림 상태로 변한다. 보통 1L당 1분 정도 내외로 가열한다.

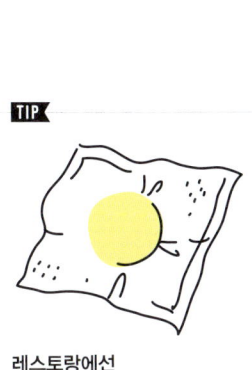

TIP

레스토랑에선 수비드 기법으로!

크렘 파티시에는 10분 내 4℃ 이하의 온도로 떨어뜨려 균의 활동을 억제해야 한다. 적은 양일 때는 넓게 펼쳐 냉동실에 넣어 빠르게 식힐 수 있지만 양이 많을 땐 수비드기법을 응용해볼 것. 크렘 파티시에를 바로 진공 포장한 뒤 2~3℃의 찬물을 순환시키며 차게 식힌다. 이렇게 진공 포장해 빠르게 식힌 파티시에 크림은 냉장 보관 시 1주까지 사용 가능하다. 완전히 식힌 파티시에 크림을 소분해 진공 포장한 뒤 85℃의 뜨거운 물에서 2~3분간 살균하면 1주 정도 사용할 수 있다.

6

열전도가 좋은 철판이나 스테인리스스틸 팬에 비닐을 깔고 **5**의 크림을 넓게 펼친 뒤 다시 비닐을 덮고 넓게 펼친다. 이때 비닐과 크림 사이에 공기 층이 남아 있지 않도록 주의한다.

7

완전히 식은 크렘 파티시에는 푸딩 같은 질감으로, 필요한 만큼 덜어 거품기로 완전히 부드럽게 풀어 사용한다.

TIP

생크림이나 초콜릿, 커피, 아몬드 프랄리네, 피스타치오 페이스트, 퓌레, 각종 에센스, 오렌지 제스트, 레몬 제스트, 허브 등을 다양한 맛이나 향을 더할 수 있다.

타마고야키
: 일본식 달걀구이
たまごやき

일본식 달걀구이인 타마고야키는 크게 두 종류가 있다. 하나는 우리가 흔히 알고 있는 달걀물을 얇게 부친 후 여러 겹으로 말아서 만드는 방식이고, 또 다른 하나는 반죽을 한 번에 부어 구워내는 방식이다. 굽는 방식의 타마고야키를 만들기 위해서는 팬을 예열하는 것부터 시작해 굽기까지 약 2시간 이상이 소요된다. 그 시간 동안 온전히 타마고야키 만들기에 집중해야 완벽한 타마고야키를 만들 수 있다.

스시 코우지의 나카무라 코우지 셰프가 굽는 방식의 타마고야키 만드는 법을 자세히 소개해주었다.

by Chef 나카무라 코우지

Ingredients
달걀(55~60g) 14개, 설탕 110g, 새우 8마리, 소금 2g, 알코올을 날린 맛술 90g, 알코올을 날린 청주 45g, 우스구치 간장 50g, 마 300g, 식용유 약간

반죽하기

1 달걀과 식용유를 제외한 모든 재료를 깊은 볼에 넣는다.

2 재료가 모두 으깨지면서 섞일 수 있도록 핸드 그라인더로 곱게 간다.

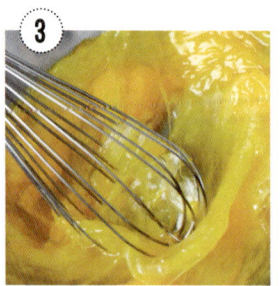

3 믹싱볼에 달걀을 모두 넣고 완전히 섞이도록 푼다.

4 3을 체에 걸러 알끈을 제거한다. 알끈이 있으면 완성된 타마고야키 사이사이에 흰색의 알끈이 보여 색이 균일하게 나오지 않는다.

5 2의 반죽과 잘 풀어놓은 달걀물이 고루 섞이도록 숟가락으로 살살 젓는다. 휘핑기로 저으면 거품이 많이 생겨 팬에 반죽을 부었을 때 거품이 위로 올라 넘칠 우려가 있고 기포가 많아 타마고야키가 완성되었을 때 단면에 구멍이 보인다.

굽기

1

반죽을 만들기 시작할 때 팬에 기름을 ⅓ 정도 넣고 약한 불에서 2시간 정도 예열한다. 제대로 된 타마고야키를 만들기 위해서는 예열 시간이 충분해야 한다.

2
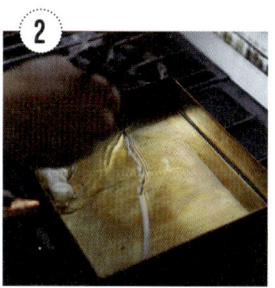
팬의 사방에 기름을 골고루 묻힌다.

3

팬이 어느 정도 예열됐으면 기름을 따라내고 팬에 있는 불순물을 닦는다.

4

반죽을 팬에 떨어트려 코팅을 확인한다. 소리가 나면서 잘 떨어지면 코팅이 잘된 것이다. 반죽을 넣기 직전에 불을 약간 높인다. 불이 약하면 반죽이 팬에 붙고 불이 세면 타기에 불 조절이 중요하다.

5

잘 코팅된 팬에 미리 만들어놓은 반죽을 붓고 아주 약한 불로 줄인다. 이때부터 50분 동안 굽는다.

6

위에 떠 있는 거품을 제거한다. 거품을 제거하지 않으면 윗부분이 타고 모양이 매끄럽지 않게 된다.

7

남아 있는 기포들은 토치로 불을 쐬어 터트린다. 멀리서 쐬어야 반죽이 타지 않는다.

8

테두리가 익으면 반죽이 전체적으로 익을 수 있도록 불을 약간 높인다. 이때 타마고야키가 조금씩 부풀면서 더욱 부드러워진다.

9

반죽이 팬에서 2~3mm 정도 높이 올라왔을 때 예열된 오븐에 옮겨 가장 약한 온도에서 약 1시간 정도 굽는다.

10

오븐 앞을 포일로 막아 열기가 빠지지 않도록 한다. 오븐의 온도가 약하기 때문에 앞을 막아주지 않으면 열기가 빠져나가 달걀이 고루 익지 않는다.

11

시간이 지나면 오븐에서 완성된 타마고야키를 꺼내 테두리를 한 번 그어 떼어내고 판을 대어 뒤집는다.

12

먹기 좋은 크기로 잘라 제공한다.

테이블 매너
: DINING TABLE MANNER

(글라스 왼쪽 위에서부터 시계 방향으로)
물잔 Water Glass
레드와인 잔 Red Wine Glass
샴페인 플루트 잔 Champagne Flute
화이트와인 잔 White Wine Glass

빵 접시 Bread Plate
버터 나이프 Butter Knife

디저트 스푼 Dessert Spoon
디저트 포크 Dessert Fork

냅킨 Napkin
샐러드 접시 Salad Dish
생선요리 접시 Fish Dish
고기요리 접시 Steak Dish

(왼쪽부터)
고기요리 나이프 Steak Knife
생선요리 나이프 Fish Knife
테이블 나이프 Table Knife

테이블 스푼 Table Spoon
수프 스푼 Soup Spoon

(왼쪽부터)
테이블 포크 Table Fork
생선요리 포크 Fish Fork
고기요리 포크 Steak Fork

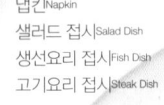

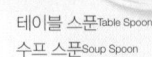

기물 확인, 사용 순서
왼쪽 빵이 내 빵이고 오른쪽 물이 내 물이라는 소위 '좌빵우물'의 공식을 기억하자. 일반적으로 테이블에는 왼쪽에 포크, 오른쪽에 나이프가 놓여 있으며 바깥에 놓인 것부터 사용한다.

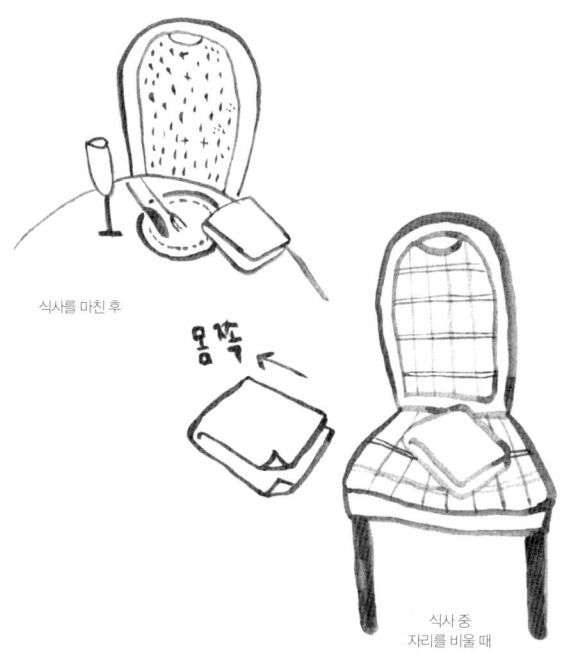

식사를 마친 후

몸쪽

식사 중 자리를 비울 때

냅킨 사용법
냅킨은 주문을 끝낸 후 식전주가 나오고 나서 허벅지 위에 펼치는 것이 보통이다. 연회에서는 건배를 한 후에 펼친다. 냅킨은 빈 접은 상대에서 접힌 부분이 몸 쪽 방향으로 향하게 펼치고, 잠시 자리를 비울 때는 의자 위에 올려놓았다가 돌아온 후에 다시 사용한다.

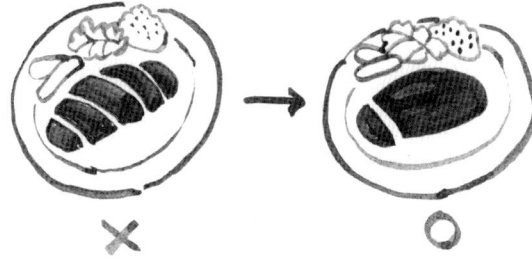

스테이크
스테이크는 왼쪽부터 나이프의 끝을 사용해서 한입 크기로 잘라 먹는다. 처음부터 나이프로 전부 잘라놓으면 스테이크의 육즙이 전부 빠져나오니 참고할 것.

나이프 잡는 방법
손에 들고 있는 포크나 나이프를 똑바로 세워 잡는 것은 예의에 어긋난다. 식사를 할 때는 칼날이 아래쪽을 향하도록 잡는다.

와인 잔에 와인을 받을 때
와인 잔은 굉장히 얇아 잔을 들고 와인을 받으면 잔과 와인 병이 부딪혀 잔이 깨지기 쉽다. 그러므로 와인을 받을 때는 테이블 위에 놓인 와인 잔을 잡거나 들지 않는다. 와인을 받을 때는 목례 정도로 예의를 다하면 된다.

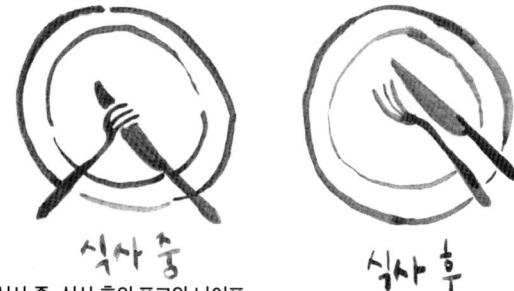

식사 중   식사 후

식사 중, 식사 후의 포크와 나이프
나이프와 포크로 식사 상태를 표현할 수 있다. 식사 중일 때 포크와 나이프는 접시에 팔(八)자 모양으로 놓으며 포크는 뒤집어놓는다. 식사가 끝나면 접시 오른쪽에 나이프와, 포크를 11자로 나란히 놓는다.

토마토소스 응용
: TOMATO SAUCE

토마토소스 하면 떠오르는 나라는 이탈리아일 것이다. 이탈리아를 대표하는 음식인 파스타와 피자에 토마토소스가 두루 사용되기 때문이다. 파스타의 예만 들어도 흔히 알고 있는 스파게티를 비롯해 아라비아따, 푸타네스카 등 다수의 파스타가 토마토소스를 베이스로 하고 있다. 이탈리아 이외에 미국, 프랑스, 포르투갈 등에서도 토마토소스를 지역 특유의 방식으로 만들어 사용한다. 하지만 다른 모체 소스에 비해 토마토소스는 파생 소스에 대한 명확한 분류가 없고 레시피에 대한 의견이 분분한 것이 사실이다. 그래서 이탈리아와 그 외 국가들로 분류해 지역의 토마토소스 종류와 특징 재료들에 대해 간단히 소개한다.

1.
푸타네스카소스 Puttanesca Sauce
이탈리아 남부에 위치한 캄파니아 주 스타일의 토마토소스다. 토마토와 블랙올리브, 안초비, 케이퍼가 공통적으로 들어가는 것이 특징이다. 여기에 양파, 오레가노, 마늘 등 이탈리아 가정에서 요리할 때 흔히 사용하는 재료로 만든 매콤한 토마토소스를 푸타네스카 소스라고 한다. 지역에 따라 안초비를 빼거나 고추를 넣기도 하는 등 다양한 종류의 푸타네스카 소스가 있다.

2.
아라비아따소스 Arrabbiata Sauce
로마 지역 스타일의 토마토소스로 이탈리아고추를 넣어 매콤하게 만든 것이 특징이다. 아라비아따는 이탈리아말로 '화가 난'이라는 뜻으로 매운맛의 소스를 표현하는 이름이라고 할 수 있다. 기본적으로 양파, 마늘, 올리브오일 등이 들어가고 레시피에 따라 파르메산치즈를 넣거나 훈제 소시지 등을 넣기도 한다.

3.
나폴리탄소스 Napolitan Sauce
마리나라소스Marinara Sauce라고 부르기도 하는 나폴리탄 소스의 유래는 두 가지 설이 있다. 유럽에 토마토가 소개될 당시 나폴리탄이라는 배에 타고 있던 요리사가 개발한 소스라는 설과 과거 나폴리 선원의 아내가 바다로 나간 남편이 돌아올 때 만들어준 소스라는 설이 있다. 토마토와 마늘, 양파, 파슬리, 허브 등이 기본적으로 들어가고 케이퍼나 올리브, 향신료 등을 추가해서 넣기도 한다.

4.
밀라네제소스 Milanese Sauce
이탈리아 북부에 위치한 밀라노 지역의 토마토소스다. 닭이나 채소 육수를 이용해 토마토, 양파, 마늘, 버섯, 버터 등을 넣고 만든다. 여기에 프로슈토나 햄, 절인 돼지고기 중 한 가지를 넣고 마지막으로 페코리노치즈를 갈아서 넣어 만든 토마토소스가 일반적인 밀라네제 소스다.

5.
볼로네제소스 Bolognese Sauce
볼로네제소스는 이탈리아 볼로냐 지방 특유의 토마토소스로 라구 소스Ragu Sauce라 부르기도 한다. 볼로냐 지방은 요리에 고기와 치즈를 많이 사용하는 것으로 유명하다. 그래서 볼로네제소스에는 간 쇠고기가 꼭 들어가고, 다진 당근과 다진 셀러리 등이 추가로 들어가는 것이 특징이다.

프로방살소스 Provençal Sauce

프로방살소스는 프랑스 남동부 지역의 옛 명칭인 프로방스에서 따온 이름이다. 그 지역에서 수확한 말린 허브와 라벤더를 섞은 에르브 드 프로방스Herbes de Provence를 토마토소스에 넣기 때문에 붙여진 이름으로 보인다. 여기에 다진 양파, 다진 올리브 등을 넣어 만드는데 레시피에 따라 얇게 썬 양송이를 넣기도 한다.

6.
크림토마토소스 Cream Tomato Sauce

생크림을 넣어 만드는 소스지만 사워크림을 넣어 신맛이 나는 토마토소스로 변형도 가능하다. 토마토에 화이트와인 식초, 머스터드, 파슬리, 타라곤 등을 넣어 만든 소스로 생선 샐러드, 닭 샐러드, 감자 샐러드 등과 같이 요리하여 먹는다.

크레올소스 Creole Sauce

크레올소스는 매콤한 토마토소스다. 스페인 소스라고도 불리는 이 소스는 사실 미국 루이지애나 주에서 시작된 케이준 스타일의 토마토소스다. 피망과 카이엔 페퍼, 마늘 등이 들어가는 소스로 레시피에 따라 레몬 제스트와 오레가노를 추가해 만들기도 한다.

포르투갈식소스 Portuguese Sauce

포르투갈 스타일의 토마토소스를 일컫는 말로 토마토소스에 신선한 토마토를 살짝 데쳐 껍질을 벗기고 씨를 분리한 후 적당한 크기로 썬 토마토 콩카세를 넣어 만드는 것이 특징이다. 여기에 다진 파슬리와 다진 양파, 다진 마늘 등을 넣고 완성하면 포르투갈식 소스가 된다.

7.
바질소스 Basil Sauce

차가운 소스로 달걀과 생선요리에 이용한다. 잘게 썬 토마토와 다진 마늘, 올리브오일을 볶은 것에 레몬 주스와 바질을 넣고 섞은 소스다.

파떼 아 슈
: 활용도 100% 제과기술
PÂTE À CHOUX

by Pâtissier 이민철

우유, 버터, 설탕, 소금을 냄비에 넣고 데운다. 완전히 끓어오르면 불을 끈다.

박력분은 체에 내린다. 밀가루 덩어리를 제거하지 않거나, 공기 유입 과정 생략 시 반죽이 매끈하지 않다.

체에 내린 박력분을 **1**에 넣고 섞는다. 처음에는 거품기로 가볍게 섞고, 수분이 모두 흡수되면 나무 주걱을 이용해 완전히 호화될 때까지 가열하며 젓는다. 한 덩어리로 뭉쳐지고 반죽의 표면에 유분이 살짝 올라올 때까지 약한 불에서 가열한다.

● 슈

슈는 양배추라는 의미의 프랑스어로 둥글게 부풀어 오른 모습이 양배추와 닮아 붙여진 이름이다. 전분의 호화를 이용한 제법으로 속이 비어 가볍고 껍질이 바삭한 것이 특징이다.

Ingredients
우유 200g, 버터 90g, 설탕 4g, 소금 3g, 박력분 100g, 달걀 180g

TIP

슈 반죽에서 물과 우유의 역할

물
- 맛과 호화 촉진을 위해 설탕을 추가로 넣어야 한다.
- 많은 수분으로 인해 보다 많이 부풀어 오른다.
- 갈라짐 현상이 더 좋다.

우유
- 우유의 유당 성분 덕에 설탕을 첨가할 필요가 없다.
- 우유의 지방에 의해 보다 부드럽게 갈라지고, 속이 부드럽다.
- 지방이 수분을 붙잡아 건조가 지연된다.
- 덜 부풀어 오르고, 물 반죽보다 낮은 온도에서 굽는다.
- 형태의 변형이 적고, 반짝이는 표면을 유지한다.

TIP

전분의 호화

전분에 물을 넣고 가열하면 일어나는 변화를 전분의 호화라고 한다. 이는 3단계의 과정으로 변화된다.

Step 1
물에 전분을 풀어 가열. 온도가 60°C에 이를 때까지 전분 입자는 자체 무게의 20~30% 수분 흡수.

Step 2
60°C 이상이 되면 자체 무게의 2~25배의 수분 흡수. 슈 반죽은 Step 2 단계.

Step 3
60°C를 계속 유지하게 되면 전분 입자가 붕괴되고 아밀로오스 용출, 아밀로펙틴 일부가 절단되고 교질 용액이 된다. (예 ; 식혜, 물엿 등)

④

믹싱볼에 호화된 반죽을 옮겨 담은 후 비터Beater기로 반죽을 친다. 이때 아주 낮은 속도로 시작해 달걀을 여러 번에 나누어 넣어 섞는다.

⑤

반질거리고 매끈한 형태의 반죽을 만든다. 반죽이 빽빽할 경우에는 달걀물이나 우유를 넣어 수분을 보충한다. 이때 반죽의 온도와 추가로 들어가는 수분제의 온도가 비슷해야 분리되지 않는다.

⑥

짤주머니에 반죽을 넣고 유산지 위에 원하는 크기로 짠다. 반죽은 약 1cm 정도의 높이가 되도록 균일한 힘을 주어 짠다. 슈가 파우더를 뿌리면 윗면이 많이 터지지 않는다.

TIP

각각의 오븐마다 온도 시간이 조금씩 다르기 때문에 기준을 잡고 온도나 시간을 조절한다.

데크 오븐 Deck Oven
160~170℃에서 12~15분 경과 후 템퍼를 개방한다. 30분 추가 소성해 완성한다.

컨벡션 오븐 Convection Oven
철판 2장을 넣고 220~230℃로 예열한 후 유산지에 짠 슈 반죽을 뜨거운 철판 위에 올려 오븐을 끄고 15분간 소성한다. 템퍼를 개방하고 150℃에서 25분간 더 소성한다. 25분간 더 소성한다.

⑦

예열한 오븐에 넣어 구워 완성한다.

TIP

슈 반죽이 둥글게 부푸는 원리

슈는 전분의 호화와 수증기압을 이용해 모양이 만들어진다.
슈 반죽은 가루 재료 대비 2배의 수분을 함유하고 있다. 호화된 반죽이 열을 만나면서 품고 있던 증기로 변해 그 기압으로 인해 팽창되며 크기가 부풀고 속이 빈 과자가 된다.

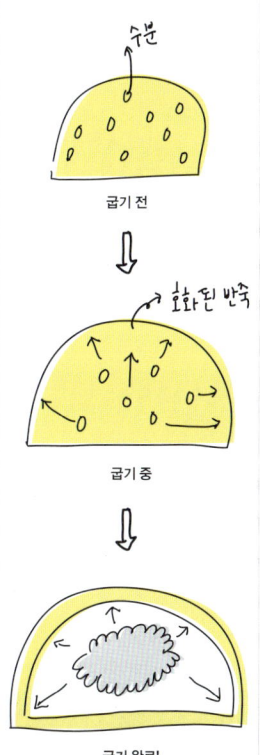

파스타 도구 : 핸드메이드 파스타 도구

1.
뇨키 보드 Gnocchi board
뇨키(Gnocchi)는 감자를 삶아 밀가루와 치즈 등을 더해 반죽한 뒤 엄지 손가락 정도의 크기로 잘라 만든 파스타의 한 종류다. 반죽을 보드 위에 올린 뒤 살짝 힘주어 굴리면 울퉁불퉁한 표면이 생기는데, 이 틈 사이들로 소스가 잘 베어 들어가는 역할을 한다.

2.
파스타 컷팅 롤러 Pasta cutting roller
면을 자르는 밀대다. 파스타 반죽을 넓게 밀어 편 뒤 힘주어 밀대를 굴리면 밀대에 나 있는 홈의 굵기대로 면이 만들어 진다. 홈의 간격이 각기 달라 굵은 면이나 얇은 면을 만들 수 있다.

3.
뻬디네 Pettine
가로 가넬리를 만드는 도구다. 빗처럼 생긴 나무 위에 반죽을 올린 뒤 말아서 만든다. 파스타 반죽이 얇아야 모양을 제대로 낼 수 있다.

4.
파스타 커터 Pasta cutter
매끈한 칼날과 모양이 나 있는 칼날이 붙어 있는 파스타 커터. 모양이 있는 칼날은 프릴모양으로 자를 수 있어 라비올리나 아뇰로티 등 속을 채운 뒤 덮어서 자를 만드는 모양을 낼 때 사용한다.

파스타면 잘 삶는 법

파스타를 만들 때 제일 중요하게 생각해야 하는 일은 바로 면을 제대로 삶는 것이다. 면이 삶아지는 동안 소금간이 제대로 되지 않으면 파스타의 맛을 망치게 된다.
면 자체도 맛이 없고, 아무리 소스에 간을 세게 한다고 하더라도 면의 싱거운 맛과 섞이지 않고 겉돌게 된다.
'물의 맛을 봤을 때 지중해처럼 짜야 한다'라고 쓰여 있는 책도 있으니 어쩌면 파스타를 삶는 물의 양과 소금을 우리 모두 추상적으로, 대충 알고 있는 것은 아닐까? 파스타를 삶을 때 알아두면 좋은 완벽한 물과 소금의 비율을 안토니오 심 셰프가 알려주었다.

건면의 경우 1리터의 물에 10%, 즉 10g의 소금이 들어가야 하고 생면은 절반인 5g을 넣는다. 이것이 바로 파스타 면을 가장 맛있게 삶는 황금 비율이다.

by Chef 안토니오 심

파스타 생면
: 노란색의 비법

어떤 소스를 사용하느냐에 따라 밀가루와 세몰리나 가루, 달걀의 비율이 매번 달라진다. 이 레시피는 세몰리나 가루와 밀가루를 1:1(총 1kg) 비율로 해 달걀 4개에 달걀노른자 2개가 더 들어간다. 추가로 넣는 달걀노른자 2개가 파스타를 예쁜 개나리색으로 만들어준다고 한다. 밀가루와 세몰리나 가루를 7:3 비율로 하는 경우도 많다.

by Chef Sebastiano Giangregorio

세몰리나 가루와 소금, 밀가루를 골고루 잘 섞은 다음, 가운데 우물을 파고 달걀 3개를 깨어 넣는다. 일단 잘 풀어준 다음 달걀을 1개 더 넣고 달걀노른자 2개를 분리해 넣는다.

포크로 밀가루를 조금씩 달걀에 더해 풀다가 어느 정도 다 섞이면 손으로 치대고 겉면이 매끈해지면 랩으로 싸 실온에서 잠시 휴지시킨다.

반죽을 나눈 다음, 기계를 통과하기 쉬운 모양으로 납작하게 만들어 원하는 얇기가 될 때까지 2~3회 정도 밀어낸다.

완성된 파스타에 세몰리나 덧가루를 뿌린 다음 잠시 말렸다가 바로 요리하거나 냉동한다. 언 상태로 끓는 물에 넣어 2분 정도 삶는다.

파티시에
: PÂTISSIER

음식을 만드는 직업군의 사람 중 제과와 제빵을 전문으로 하는 사람들을 부르는 명칭이 있다. 국내에서는 제과사 혹은 제빵사라고 부르지만 '셰프'처럼 외래어로 부르기도 한다. 프랑스어로 제과사를 뜻하는 말인 '파티시에'. 여성일 경우는 파티시에르Pâtissière이라고 부른다. 가장 많이 혼동하는 것이 제과사나 제빵사 구분 없이 파티시에라고 부르는 것인데, 파티시에는 페이스트리Pastries와 디저트를 주로 만드는 사람을 말한다. 물론 이들이 빵을 구울 수도 있지만 빵만 굽는 제빵사에게는 파티시에라는 말 대신 블랑제Boulanger 혹은 베이커Baker라는 명칭이 있다는 것을 알아두자. 큰 호텔의 주방이나 레스토랑에서는 빵을 굽거나, 디저트를 맡아 만드는 책임 요리사를 페이스트리 셰프Pastry Chef라고 부르기도 한다.

팬 조리법
: PAN COOKING

팬프라잉 Pan frying

프라잉은 기름에 튀기는 요리법을 말한다. 팬프라잉은 기름에 재료가 반 정도 잠기도록 넣어 익히는 조리법이다. 재료를 완전히 기름에 잠기도록 요리하는 딥프라잉Deep frying에 비해 비교적 쉽게 요리할 수 있고, 모양이 흐트러지지 않는다는 장점이 있다. 팬프라잉을 할 때는 밀가루나 빵가루 등 튀김옷을 입히거나 반죽에 재료를 섞어 요리하기도 한다. 재료를 팬에 바로 구운 것과 비교했을 때 재료가 가지고 있는 수분 손실률이 훨씬 적으며 바삭바삭한 크러스트Crust와 촉촉한 속을 한번에 느낄 수 있다. 콩기름, 올리브유, 쇼트닝 등을 주로 사용하고 돼지기름인 라드, 거위 기름 등 특이한 기름들은 지역적인 향토요리에 사용하기도 한다. 예로 우리나라의 전통음식 중 하나인 녹두전도 돼지기름에 부치는 것이 정석이다. 팬프라잉을 할 때는 재료가 겹쳐지지 않고 한 겹으로 깔릴 수 있도록 팬이 넉넉해야 한다. 팬에 비해 재료들이 너무 많으면 기름 온도가 금방 떨어지는데 이렇게 되면 튀김옷이 쉽게 벗겨지고, 바삭하게 구워지지 않으며, 재료가 기름을 많이 흡수하게 된다. 열전도율이 낮아 잘 식지 않고, 차가운 기름을 더 부어도 쉽게 식지 않도록 두꺼운 팬을 사용하는 것이 좋다.

볶기 Stir frying

볶기는 주로 아시아에서 사용하는 방법이다. 우리나라에서도 볶는 요리가 팬 요리의 대부분을 차지하고, 중국식 팬 요리도 볶기의 대표적인 조리법이다. 소테와 비슷하지만 볶는Stir frying 요리는 화력도 더 세고 빠르게 익혀야 하기 때문에 재료를 좀 더 작게 썬다. 손가락 모양으로 길게 썰거나 주사위 모양으로 작게 썰고 아주 잘게 채 썰기도 한다. 볶는 것도 양념을 언제, 얼마나 넣느냐에 따라서 모양새가 조금 달라진다. 특히 중국식은 소스를 흥건하게 볶는 요리, 기름을 소스 삼아 마르게 볶는 요리로 크게 나뉘고, 우리나라에선 미리 양념장에 재워놓은 고기를 팬에서 익히는 것도 '볶는다'고 한다. 볶음요리를 할 때는 팬을 예열한 뒤 기름을 두르고 재료를 넣어 볶는다. 마늘, 파, 생강 등은 미리 넣어 기름에 향이 배어 나오도록 하고 주재료들을 넣는다. 재료의 크기나 무르기에 따라 익는 시간이 다르므로 시간차를 두고 차례대로 넣는다. 또 향이 잘 날아가는 재료들은 볶는 과정의 마지막에 넣는다.

소테 Sautéing

높은 온도에서 적은 기름으로 빠르게 요리하는 조리법을 소테라고 한다. 소테는 프랑스어로 '점프, 뛰어넘다'라는 의미의 단어다. 뜻 그대로 팬을 흔들어 재료들이 스스로 튕겨지고 섞이면서 익혀지는 것이다. 소테는 기본적으로 팬과 음식 사이의 공간에서 발생하는 전도열로 익게 된다. 볶는 것과 비교해 적은 양을 단시간에 요리하는 것이 다르다. 기본적으로 너무 두껍지 않게 썬 재료를 팬에 넣고 요리하는데, 겉면이 노릇하게 구워지면서 질감과 수분, 재료 본래의 맛을 유지하며 익혀야 한다. 소테를 할 때는 팬에서 연기가 나기 시작할 때까지 예열하는데, 이것을 스모킹 포인트 Smoking point라고 한다. 고기, 닭, 생선을 소테하면 재료의 육즙이 빠져나와 팬에 남아 있는데, 여기에 크림이나 와인, 버터 등을 더해 끓여 소스를 만들어 곁들이는 것이 일반적이다. 버터와 밀가루, 육수를 넣고 그레이비 Gravy 소스를 만들거나 이미 만들어진 데미글라스 Demi-glace 소스나 토마토소스를 넣어 팬에 빠져나온 주재료의 맛과 향을 살린다.

시어링 Searing

원래 시어링은 '타는 듯한'이란 뜻이다. 조리 용어로는 아주 높은 온도에서 겉면만 아주 진한 갈색 또는 태우듯 익히는 것을 말한다. 아주 높은 온도에서 적은 양의 기름으로 빠르게 요리한다는 점이 소테하는 방법과 크게 다르지 않지만, 시어링은 팬 위에서 재료를 속까지 완전히 익히지 않아야 한다. 다시 오븐에 넣어서 굽는 로스트 Roast, 천천히 끓이며 익히는 브레이즈 Braise, 스튜 Stew 요리의 전 단계다. 고기의 겉면만 먼저 익히면 마이야르 반응으로 고기의 향이 증가되고, 색도 더 먹음직스러워진다. 팬을 뜨겁게 예열한 뒤 기름을 조금 두르고 준비한 고기를 올려 굽는다.

팬스티밍 Pan steaming

팬에서 요리할 때 물을 넣어 생기는 스팀으로 익히는 방법이다. 달궈진 팬에 물을 조금씩 넣으면 순식간에 뜨거운 스팀이 생긴다. 주로 채소를 요리할 때 빠른 시간 내에 촉촉하게 익히기 위해 팬스티밍을 한다. 특히 콜리플라워나 브로콜리, 당근, 래디시 등 단단한 채소를 요리할 때 좋다. 물에 삶는 것이 아니기 때문에 본연의 향이나 색, 식감 등이 그대로 유지되는 장점이 있다. 처음에는 소테와 같은 방법으로 요리한다. 예열한 팬에 기름을 조금 두르고 채소를 넣어 볶다가 물을 넣고 뚜껑을 덮어 익힌다. 물을 넣기도 하지만 스톡이나 육수를 넣어 풍미를 더하기도 하고, 향을 더할 수 있는 와인이나 과일 주스 등을 넣기도 한다.

팬의 종류

1 오믈렛 팬

이상적인 오믈렛은 표면이 연한 갈색이고 속은 부드럽다. 하지만 말처럼 쉽게 되지 않으며 럭비공 모양으로 말아주려 하면 터지고 찢어지기 일쑤다. 오믈렛을 잘 만들려면 프라이팬의 선택이 중요하다. 길이 잘 든 두툼한 무쇠팬이나 코팅이 잘 된 팬으로 지름 22cm 정도의 크기가 적당하다.

2 파에야 팬

파에야는 발렌시아어로 '프라이팬'을 뜻하며 라틴어 파엘라paella에서 유래했다. 밑이 넓고 깊이가 얇은 둥근 모양에 양쪽에 손잡이가 달린 뚜껑 없는 팬을 '파엘라'라고 한다. 우리는 흔하게 파에야 팬이라고 불러왔지만 사실 파엘라 팬이라고 불러야 맞는 것이다 사진에 보이는 팬은 전통적인 스틸 파에야 팬으로 스페인에서 흔히 사용하는 것이다. 강철 탄소 스틸로 만든 파에야 팬을 자세히 보면 표면이 작고 촘촘하게 움푹 들어간 것을 볼 수 있다. 이는 열을 고르게 배분하기 위한 것이다. 파에야 팬은 처음 사용하면 파에야의 맛을 흡수해 팬의 색이 변하기도 한다. 재질에 따라 여러 가지 종류가 있는데 스틸, 변색되지 않는 스테인리스스틸, 식사 시간 동안 따뜻함을 유지하는 파타 나그라, 음식의 불맛을 살리는 구리 등이 있다.

3 웍

중식은 '웍에서 시작해 웍으로 끝난다'라는 말이 있듯이 실력 있는 중식 요리사들도 웍 사용법을 익히는 데 꽤 오랜 시간이 걸린다. 중식의 핵심은 웍의 사용법에 있는데, 알맞은 온도의 웍에 기본 재료를 적당한 타이밍에 넣고 골고루 코팅해가며 볶아야 한다. 타이밍만 살짝 놓쳐도 센 화력에 재료가 타버리는 웍을 유연하게 사용하기 위해선 처음 구입 후 길들이는 법이 중요하다. 먼저 강한 불에 웍을 올리고 그대로 태운다. 이때 불순물이 타기 시작하면서 연기가 난다. 잘 태웠으면 철 수세미를 이용해 깨끗이 닦아준다. 완전히 헹군 웍에 물을 채운 후 팔팔 끓여준다. 이렇게 하면 쇠 냄새를 없앨 수 있다. 마지막으로 팬에 기름을 묻혀 키친타월로 닦아준다. 더러운 것들이 묻어 나오지 않을

때까지 닦아주면 길들이기 완성. 웍은 일반 프라이팬의 10% 정도에 해당하는 소량의 기름만 사용해도 깔끔하게 요리할 수 있어 잘 사용하면 맛있는 볶음 요리를 만들 수 있다.

4 번철

재래시장에 가면 부침개 파는 곳에서 흔히 볼 수 있는 번철은 지짐질을 할 때에 쓰는 무쇠 그릇이다. 한국식 프라이팬이라고 생각하면 쉬운데 모양은 솥뚜껑과 비슷하게 둥글넓적하며, 운두나 손잡이가 달린 것도 있다. 이러한 번철은 그 재료나 형태 면에서 가마솥뚜껑과 유사하다. 번철에 지짐질을 할 때에는 반드시 기름을 둘러야 하는데, 무나 호박을 얇게 썰어 기름을 묻혀 문지르면 된다. 빈칠은 다 쓴 뒤에 보관이 중요하다. 보관 방법으로 먼저 팬에 남아 있는 찌꺼기가 생기지 않도록 사용 후에 반드시 수세미 같은 것으로 닦아내고, 녹이 슬지 않도록 기름을 발라 기름종이에 싸둔다. 만약 번철에 녹이 슬었을 경우, 녹을 제거한 다음 기름칠을 충분히 해 밀전병 같은 것을 부쳐 길을 들이면 된다.

5 그릴 팬

그릴 팬은 채소, 생선, 닭고기, 오리고기, 스테이크 등을 요리할 때 고급 레스토랑 수준의 선명한 그릴마크를 낼 수 있는 팬이다. 무쇠로 된 바닥 그릴은 뛰어난 열전도, 열 분배가 이루어져 음식의 맛과 향을 더욱 좋게 한다. 무쇠의 열 보유력은 키친에서 테이블까지 따뜻한 음식을 즐길 수 있게 도와준다.

6 달걀말이 팬

마끼 팬이라고도 불리는 달걀말이 팬은 처음에 잘 길들여놓으면 소량의 기름으로도 달걀말이를 만들 수 있다. 구입 후 강한 불에서 식용유를 충분히 두른 다음 달군다. 식용유가 충분히 달궈졌을 때, 기름을 따라내고 식힌다. 이 과정을 3회 반복하면 어느 정도 팬이 코팅되는데 마지막으로 식힌 프라이팬에 키친타월을 깔고 키친타월이 충분히 적셔지도록 식용유를 부어 이틀 정도 그대로 두었다 사용한다.

7 크레이프 팬

크레이프 팬은 10인치의 원형 팬으로 얇은 크레이프를 만들 때 사용한다. 프랑스 브르타뉴 지역에서 처음 사용했다고 전해진다. 전통적인 프랑스 스타일의 크레이프 팬은 얇고 테두리에 약간의 기울기가 있으며 크기가 크다. 크레이프를 처음 만드는 사람이라면 코팅이 잘되어 있는 크레이프 팬을 선택하는 것이 좋다.

크레이프 팬은 약간 센 불에서 예열해 사용해야 한다. 크레이프 만들기에 좋은 온도를 체크하려면 물 한 방울을 떨어뜨려 본다. 물방울이 지글거리며 사라지면 적당한 온도를 갖춘 것이다. 만약 물을 떨어뜨렸을 때 튀거나 흩뿌려지면 팬이 과열된 것이다.

페스토
: PESTO DI BASILICO

다양한 페스토가 있지만 제노바의 바질 페스토는 바질을 곱게 가는 것이 아닌, 절구에 찧어 만들어야 허브의 향이 제대로 살아난다. 그리고 부드러운 맛과 연한 향을 가지고 있는 리구리안 올리브유는 그야말로, 바질 페스토의 향과 맛을 끌어올려주기 위해 특별히 만들어 진 오일 같다.

주재료를 빻아 만드는 페스토는 가열하지 않고 만들어 재료 본연의 맛을 충분히 전달한다. 주로 바질과 잣을 이용하지만 기호에 따라 원하는 채소와 견과류를 넣고 만들어도 좋다. 다양한 페스토 레시피를 소개한다.

1.
고수 페스토 Cilantro Pesto

Ingredients 고수 2컵, 마늘 2쪽, 구운 캐슈넛 ¼컵,
파르미지아노레지아노 ½컵, 올리브유 ⅓~⅔컵, 라임즙 1Ts, 소금, 후춧가루 약간

1 고수, 마늘, 구운 캐슈넛, 파르미지아노레지아노를 푸드 프로세서에 넣는다.
2 푸드 프로세서를 작동시키면서 올리브유를 넣어 농도를 조절한다.
3 2에 라임즙, 소금, 후춧가루로 간을 해 완성한다.

2.
파슬리 페스토 Parsley Pesto

Ingredients 파슬리 4컵, 차이브 ¾컵, 구운 아몬드 ½컵,
파르미지아노레지아노 ½컵, 올리브유 ¾컵, 소금, 후춧가루 약간

1 파슬리, 차이브, 구운 아몬드, 파르미지아노레지아노를 푸드 프로세서에 넣는다.
2 푸드 프로세서를 작동시키면서 올리브유를 넣어 농도를 조절한다.
3 2에 소금, 후춧가루로 간을 해 완성한다.

3.
루콜라 페스토 Arugula Pesto

Ingredients 루콜라 4컵, 마늘 2쪽, 잣 2Ts 또는 구운 호두 1컵,
파르미지아노레지아노 ½컵, 올리브유 1컵, 레몬즙 2Ts, 소금, 후춧가루 약간

1 루콜라, 마늘, 잣 또는 구운 호두, 파르미지아노레지아노를 푸드 프로세서에 넣는다.
2 푸드 프로세서를 작동시키면서 올리브유를 넣어 농도를 조절한다.
3 2에 레몬즙, 소금, 후춧가루로 간을 해 완성한다.

4.
레드 페스토 Red Pesto

Ingredients 선드라이드 토마토 260g, 마늘 1쪽, 잣 25g, 붉은 고추 1개,
파슬리 ½컵, 파르미지아노레지아노 ¼컵, 올리브유 125ml, 소금, 후춧가루 약간

1 선드라이드 토마토, 마늘, 잣, 붉은 고추, 파슬리,
   파르미지아노레지아노를 푸드 프로세서에 넣는다.
2 푸드 프로세서를 작동시키면서 올리브유를 넣어 농도를 조절한다.
3 2에 소금, 후춧가루로 간을 해 완성한다.

퓌레
: 접시 위 부드러운 느낌

퓌레 Puree

음식에 맛을 더하는 1차적인 방법으로 소스를 곁들이는 것이 있다. 소스를 위한 풍미는 수천 가지가 넘고, 그것을 수없이 많은 방법으로 표현할 수 있다. 그중 퓌레는 으깬 과일이나 채소 등을 가리키는 말로, 조직에 강력한 물리적 힘을 가해 세포를 터트린 뒤 다시 뒤섞은 것을 총칭한다.

토마토소스, 사과소스, 으깬 감자, 과카몰리 등 이 모든 것이 퓌레에 속한다. 대부분의 퓌레는 걸쭉하면서도 부드러운 질감을 갖게 된다. 퓌레는 과일이나 채소를 으깨기만 하면 만들 수 있는 소스인 것이다. 과거에는 조직을 무르게 만든 뒤 빻거나 짓이기고, 가는 체를 통과시키는 방법으로 만들었다면, 생퓌레는 농익어서 물러진 과일이나 잘 부서지는 견과로 만들 수 있었다. 요즘은 블렌더나 푸드 프로세서 같은 강력한 모터가 달린 기계로 날것이든 익힌 것이든 퓌레를 좀 더 간편하게 만들 수 있다. 분리를 방지하기 위해 말린 향신료 가루, 견과류, 전분 등 점도제를 첨가하기도 한다. 생퓌레는 자연적으로 물러지는 과일을 주로 사용하는데, 라즈베리, 딸기, 멜론, 망고, 바나나 등이 있다.

쿨리 Coulis

쿨리 역시 퓌레에 속하는 소스 중 하나다. 과일이나 채소를 곱게 간 뒤 이를 고운 체에 걸러 만든다. 설탕이나 소금 등 간을 위한 약간의 조미를 제외한 첨가물은 더하지 않는 것이 일반적이다.

매시 Mash

퓌레와 매시는 동일한 방법이 조리법이다. 퓌레는 프랑스어고, 매시는 영어라는 것만 다를 뿐이다. 퓌레의 질감이 더 곱고, 매시의 질감이 더 거칠거나 하진 않는다.

> **TIP**
>
> **퓌레의 질감을 세련되게 만들기**
>
> 퓌레를 입에 넣었을 때의 느낌을 세련되게 만들려면 입자를 곱게 만드는 것이 첫 번째다. 체에 거르면 큰 입자들이 작은 조각으로 쪼개지고 커다란 입자들은 제거된다. 그 외에 열을 가해 으깨는 방법이나, 얼렸다가 해동시킨 뒤 다시 체에 거르는 방법이 있다.

플레이팅

테이블 포포 김성운 셰프의 그림처럼
아름다운 플레이팅 방법을 소개한다.
주재료는 기름이 제대로 오른 고등어다.
고등어 세비체를 한 폭의 유화처럼 담았다.

by Chef 김성운

Ingredients
고등어를 비롯한 다양한 채소와 허브류

Ready to Plating

Plate
흥건한 드레싱이 퍼지지 않도록
살짝 오목한 형태의 원형 접시를 사용해
재료를 한가운데로 모아 담았다.

Plating Method

③ 토마토 옆으로 천도복숭아를 얇게 썰어 만든 카르파치오를 올린다. 재료의 구도가 둥글게 유지되도록 둘러 담는다.

⑥ 식용꽃을 올린다. 접시에 재료의 컬러가 서로 겹치지 않도록 담는다.

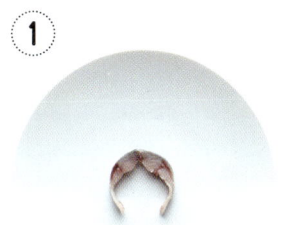

① 고등어는 소금과 식초를 넣은 절임물에 담가두었다 건져 물기를 가볍게 닦은 뒤 접시 중앙에 놓는다.

④ 말라바 시금치꽃과 셀러리를 고등어에 걸쳐 담는다. 이때 중심에서 너무 벗어나지 않도록 한다.

⑦ 재료에 고르게 유자 드레싱을 뿌린다. 이때 꽃에는 너무 많은 소스나 드레싱이 묻지 않게 유의한다. 바로 허브 오일을 뿌리는데, 초록색의 허브 오일이 재료 각각의 색을 돋보이게 한다.

② 맨 위부터 시계 방향으로 무 씨앗, 오크라, 릭Look, 방울토마토를 담는다.

⑤ 잎에서 세 가지 색이 보이는 트라이 아마란스와 딜, 처빌, 방아잎, 수박순을 둘러 담는다.

⑧ 눈처럼 만든 요거트 민트 그라니따를 세 군데에 나눠 뿌린다. 이때 재료를 너무 덮지 않도록 양을 조절해야 한다.

한식 양념장

한식에서 양념은 '먹어서 몸에 약처럼 이롭기를 바라는 마음으로 여러 가지를 고루 넣어 만든다'는 의미가 담긴 말로 한자어로는 약념藥念이라고 한다. 한국 음식은 한 가지 요리에도 대여섯 가지의 조미료를 쓰기도 하고, 소금 하나만 쓰기보다 간장, 된장, 고추장 등을 섞어서 간을 맞추기도 한다. 한식에서 소스에 가까운 양념장은 양식 모체 소스와 달리 만드는 데 시간이 오래 걸리지 않고 만드는 과정이 비교적 간단하다. 이미 만들어진 장류를 활용하여 필요한 양만큼 바로 만들어서 쓸 수 있기 때문이다. 한식 양념장은 조미료와 향신료로 구성되며, 다양한 발효 식품이 혼합되어 버무려지면서 식재료의 잡냄새 제거와 항균 작용을 한다. '양념'이라는 말에는 모든 조미료와 향신료가 포함되어 있으며 '양념장'은 간장, 된장, 고추장, 젓갈, 식초 등 발효 식품을 주로 사용하여 만든다. 양념과 양념을 제외한 식재료가 만나서 발효를 거치지 않으면 '갖은 양념'이 되고, 발효를 거치면 '발효장류'가 되며, 갖은 양념과 발효장류를 합치면 '한식 양념장'이 되는 것이다. 발효장으로 만든 발효 양념장과 비발효 양념장으로 나누어 양념장을 소개한다.

발효 양념장

간장구이장
가장 기본은 간장구이장으로 불고기, 갈비구이 등 고기 요리에 사용한다. 주재료에 따라 설탕이나 마늘 등의 분량을 조절한다.

Ingredients 간장 40g, 설탕 23g, 물엿 7g, 마늘 5g, 참기름 5g, 다진 대파 7g, 깨소금 1g, 양파 9g, 후춧가루 0.2g, 청주 5g

1. 양파는 곱게 다져 물기를 제거한다.
2. 볼에 설탕과 간장을 넣고 설탕이 잘 녹도록 골고루 섞는다.
3. 모든 재료를 냄비에 넣은 후 약한 불에서 끓인다.
4. 기포가 올라오기 직전에 불을 끈다.
5. 양념장을 식힌 후 사용한다.

간장무침장
생채소와 잘 어울리는 무침장으로 고춧가루를 추가하면 도토리묵무침에도 활용할 수 있다.

Ingredients 간장 55g, 식초 28g, 설탕 22g, 다진 마늘 6g, 다진 대파 11g, 참기름 7g, 깨소금 11g, 후춧가루 0.7g

1. 볼에 간장, 식초, 설탕을 넣고 설탕이 잘 녹도록 골고루 섞는다.
2. 1에 다진 마늘, 다진 대파, 참기름, 깨소금, 후춧가루를 넣어 마무리한다.

닭볶음장
닭볶음탕용 양념장으로 이 외에도 쇠고기나 돼지고기를 맵게 조릴 때 사용할 수 있다. 돼지고기에 사용할 때에는 생강 양을 늘린다.

Ingredients 간장 20g, 설탕 11g, 고추장 10g, 고춧가루 4g, 다진 마늘 4g, 다진 대파 8g, 다진 생강 3g, 후춧가루 0.7g

1. 볼에 간장과 설탕을 넣고 설탕이 잘 녹도록 골고루 섞다가 고추장, 고춧가루를 넣고 섞는다.
2. 1에 다진 마늘, 다진 대파, 다진 생강, 후춧가루를 넣고 잘 섞는다.
3. 약한 불에 올려 재료가 골고루 잘 섞이도록 저어준다.
4. 양념장이 완성되면 식힌 후 사용한다.

초고추장
식초와 설탕 등을 넣어 매콤새콤하게 만드는 양념장으로 기본 레시피에 생강즙이나 다진 마늘, 깨 등을 추가해 주재료에 따라 달리 활용할 수 있다.

Ingredients 고추장 12g, 식초 60g, 설탕 30g, 꿀 30g

1. 볼에 식초와 설탕을 넣은 후 설탕이 잘 녹도록 골고루 섞는다.
2. 고추장과 꿀을 더해 고루 섞어 완성한다.

된장찌개장
된장찌개용으로 만들어놓는 장으로 요즘은 시판하는 제품을 쉽게 찾을 수 있다. 기본 된장찌개장에 소고기, 우렁, 조개 등 주재료를 달리 사용해 찌개를 끓인다.

Ingredients 된장 160g, 고추장 24g, 다진 마늘 16g, 다진 파 16g, 청주 64g

1. 볼에 된장, 고추장을 넣어 섞는다.
2. 1에 다진 마늘과 다진 파를 넣고 섞은 후 청주로 농도를 조절해 마무리한다.

+ 양념장의 6배 정도의 물을 붓고 감자, 무 등의 찌개 재료를 넣어 끓인다.
+ 된장찌개는 약한 불에 은근히 끓여야 제 맛이 나며, 고추장찌개는 강한 불에 빨리 끓여야 더 맛있다.

청국장찌개장
청국장의 구수한 맛에 된장으로 깊은 맛을 더했다. 청국장에는 고춧가루를 추가해 매콤한 맛을 더하거나 간 양파를 넣어 염도를 조절한다.

Ingredients 청국장 90g, 된장 25g, 다진 마늘 6g, 다진 풋고추 32g

1. 마늘은 꼭지와 껍질을 제거하고 곱게 다져서 준비한다. 풋고추도 깨끗이 씻어 다져 준비한다.
2. 청국장과 된장을 볼에 섞은 다음 나머지 준비된 재료를 모두 넣고 잘 섞어 완성한다.

쌈장
육수를 넣어 살짝 볶듯이 만드는 방법과 육수를 제외하고 모든 재료를 섞어 만드는 방법이 있다. 쌈장을 볶지 않으면 마늘과 대파의 알싸한 맛을 즐길

수 있다. 이때 만들어서 반나절 정도 지나면 맛이 더 깊어진다.

Ingredients 된장 80g, 고추장 35g, 설탕 20g, 다진 마늘 8g, 다진 대파 8g, 육수 15g, 통깨 5g, 참기름 2g

1. 볼에 된장, 고추장, 설탕을 넣어 잘 섞는다.
2. 1에 다진 마늘, 다진 대파를 넣는다.
3. 2에 육수를 넣어 농도를 맞추고 깨와 참기름을 넣는다.
4. 모든 재료를 냄비에 넣고 약한 불에 살짝 볶는다.
5. 양념장은 식힌 후 사용한다.

+ 고추를 다질 때에는 먼저 꼭지 부분을 제거하고 고추씨를 털어낸 후 다진다.
+ 일반적으로 육수는 쇠고기, 뼈, 채소, 향신료를 넣어 끓인 것을 말한다.

김치양념장
기본 김치양념장에 멸치액젓과 새우젓은 기호에 따라 다른 젓갈로 대체해도 좋다. 요즘은 설탕 대신 단맛을 내는 과일이나 채소를 갈아 넣기도 한다.

Ingredients
멸치액젓 17g, 새우젓 6g, 고춧가루 28g, 다진 마늘 8g, 다진 생강 3g, 설탕 3g, 통깨 3g, 소금 2g, 찹쌀풀 51g

1. 물에 찹쌀가루를 넣고 끓여 찹쌀풀을 만든다.
2. 생강은 곱게 다진다.
3. 볼에 멸치액젓, 새우젓, 고춧가루를 넣어 섞는다.
4. 3에 다진 마늘, 다진 생강을 넣어 섞은 후 찹쌀풀, 설탕, 소금을 넣고 버무린 다음 통깨를 뿌려 마무리한다.

+ 배추 400g을 절인 후 양념장 120g 정도를 넣어 버무린다.
+ 찹쌀풀은 뜨거운 물 1컵에 찹쌀가루 1큰술의 비율로 만든다.
+ 매운 고춧가루를 사용할 때는 하루 정도 물에 담가 매운맛을 제거한 후 사용한다.
+ 고춧가루 색이 좋지 않을 경우 붉은색 피망이나 파프리카를 갈아서 넣어도 좋다.

젓갈양념장
새우젓이 기본이 되는 양념장으로 나물볶음에 넣기도 하고, 돼지고기 수육과 곁들이기도 한다. 매콤한 맛을 원할 경우 청양고추나 고춧가루를 넣으면 된다.

Ingredients 새우젓 13g, 다진 마늘 2g, 다진 파 4g, 참기름 1g

1. 볼에 새우젓을 넣고 다진 파, 다진 마늘을 넣어 섞는다.
2. 참기름을 넣어 마무리한다.

+ 애호박 400g에 양념장 20g 정도를 사용하여 볶는다.
+ 새우젓은 음력 6월에 생산되는 것은 육젓이라 하고 음력 8월에 생산되는 것은 추젓이라 한다.
+ 육젓은 비린내가 적어 요리에 많이 사용되고, 추젓은 주로 김치양념에 많이 사용된다.

초무침양념장
초무침장은 새큼달콤한 맛을 내는 양념장으로 채소를 살짝 절였다가 무치기도 하고, 미역 등 해초무침에 사용하기도 한다. 고춧가루나 고추장을 넣으면 매콤한 맛을 낼 수 있다.

Ingredients 식초 40g, 다진 마늘 5g, 설탕 28g, 소금 8g, 물 15g

1. 팬에 물과 설탕, 소금을 넣고 잘 녹도록 섞는다.
2. 1을 중간 불에서 끓인다.
3. 2가 끓으면 다진 마늘과 식초를 넣고 다시 한 번 끓인다.
4. 양념장은 식혀서 사용한다.

+ 채소 400g에 양념장 80g 정도 넣고 버무린다.
+ 초무침에 쓰이는 식초는 주로 맛이 강한 식초를 사용한다.
+ 식초는 겨자와 같이 사용하면 맛이 부드러워지고 음식에 잘 어울린다.

비발효 양념장

겨자냉채양념장
코끝을 찡하게 하는 매콤한 맛이 나는 양념장으로 고기, 해파리, 해산물 등 다양한 재료를 무칠 때 사용한다. 설탕 대신 꿀이나 과일즙을 넣어도 좋다.

Ingredients 식초 30g, 설탕 15g, 소금 3g, 물 20g, 겨자가루 10g

1. 볼에 약 40도의 물을 넣고 겨자가루를 개어서 10분간 발효시킨다.
2. 1에 식초, 설탕, 소금을 넣고 잘 섞는다.

해산물 육수 3가지
: 피시스톡, 갑각류스톡, 가쓰오다시
SEAFOOD STOCK

시푸드를 재료로 요리의 기본이 되는 육수를 만들 수 있다. 육류의 뼈를 끓여 만드는 비프 스톡Beef Stock처럼 흰 살 생선의 뼈를 끓여 만든 피시 스톡Fish Stock과 피시 퓌메Fish Fumet, 갑각류를 넣고 끓인 셀피시 스톡Shellfish Stock, 다시마와 가쓰오부시를 넣어 만든 다시 등이 시푸드를 이용한 육수들이다. 육류를 이용한 육수에 비해 맑고 깔끔하며 오랜 시간 끓이는 다른 육수들과 달리 짧은 시간에 끓여내는 것이 특징이다. 생선 요리에 잘 어울리는 편이고 특히 다시는 일본 요리 전반에 걸쳐 사용될 정도로 쓰임이 많다.

Fish Stock & Fish Fumet

피시 스톡과 피시 퓌메는 큰 차이가 없는 육수다. 들어가는 재료도 비슷하며 방법도 비슷한데 굳이 구분을 하자면 피시 스톡은 생선뼈와 채소, 향신료를 물에 함께 넣고 약한 불로 끓이지만 피시 퓌메는 채소를 식용유에 약한 불로 볶아 풍미를 좋게 한 뒤 생선뼈와 물을 넣어 끓인다. 전문가에 따라 구분을 하기도 하고 같은 육수로 보기도 한다. 35~45분 정도 끓이는데 너무 오래 끓이면 오히려 생선 고유의 맛을 잃을 수 있기 때문에 주의한다.

피시스톡 Fish Stock

Ingredients
흰 살 생선뼈 5kg, 양파 120g, 셀러리 120g, 파스닙 120g, 대파 125g, 물 4.3L, 타임 1줄기, 파슬리 3줄기, 월계수잎 1장

1. 양파와 셀러리, 파스닙, 대파를 적당한 크기로 썰어 미르포아를 만든다.
2. 타임과 파슬리, 월계수잎을 대파로 감싸고 조리용 실로 묶어 부케가르니를 준비한다.
3. 흰 살 생선뼈와 미르포아, 부케가르니를 물에 넣고 35~45분 정도 거품을 걷어내며 시머링한다.
4. 재료는 건져내고 육수만 따라 차게 식혀 보관하거나 바로 사용한다.

피시퓌메 Fish Fumet

Ingredients
흰 살 생선뼈 5kg, 양파 120g, 셀러리 120g, 파스닙 120g, 대파 125g, 송이버섯 300g, 물 4.3L, 화이트 와인 1L, 식용유 60ml, 소금 20g, 타임 1줄기, 파슬리 3줄기, 월계수잎 1장

1. 양파와 셀러리, 파스닙, 대파를 적당한 크기로 썰어 미르포아를 만들고 송이버섯은 얇게 썰어 준비한다.
2. 타임과 파슬리, 월계수잎을 대파로 감싸고 조리용 실로 묶어 부케가르니를 준비한다.
3. 식용유를 두른 팬에 미르포아를 넣고 약한 불에서 색이 나지 않게 볶는다.
4. 흰 살 생선뼈와 나머지 재료를 모두 넣고 거품을 걷어내며 35~45분 정도 시머링한다.
5. 재료는 건져내고 육수만 따라 차게 식혀 보관하거나 바로 사용한다.

갑각류스톡 Shellfish Stock

기본 피시퓌메에서 생선뼈 대신 새우나 랍스터, 꽃게, 조개류를 넣고 끓인 육수다. 기호에 따라 토마토 페이스트를 더해 붉게 끓이기도 한다.

Ingredients

꽃게 2.5kg, 새우 2.5kg, 양파 120g, 셀러리 120g, 파스닙 120g, 대파 125g, 물 4.3L, 송이버섯 300g, 화이트 와인 1L, 식용유 60ml, 소금 20g, 타임 1줄기, 파슬리 3줄기, 월계수잎 1장

1. 양파와 셀러리, 파스닙, 대파를 적당한 크기로 썰어 미르포아를 만들고 송이버섯은 얇게 썰어 준비한다.
2. 타임과 파슬리, 월계수잎을 대파로 감싸고 조리용 실로 묶어 부케가르니를 준비한다.
3. 식용유를 두른 팬에 꽃게, 새우를 볶는다.
4. 미르포아를 넣고 약한 불에서 색이 나지 않게 볶다가 나머지 재료를 모두 넣고 거품을 걷어내며 35~45분 정도 시머링한다.
5. 재료는 건져내고 육수만 따라 차게 식혀 보관하거나 바로 사용한다.

가쓰오다시 Katsuobushi-dashi

일식에 많이 쓰이는 육수로 다시마와 가쓰오부시를 끓여 감칠맛이 풍부하다. 우리나라에서도 비슷한 방법으로 육수를 뽑는데 가쓰오부시 대신 멸치나 마른 새우를 넣어 끓인다. 일본에서는 한 번 우려낸 가쓰오부시와 디시마를 다시 넣고 우려내기도 하는데 이때 첫 번째 우려 맛이 진하고 좋은 육수를 이치반다시(1번 다시)라고 하고 국물요리에 많이 쓴다.
두 번째 우린 육수는 니반다시(2번 다시)인데 조림이나 찜요리에 넣는다.

Ingredients

다시마 2장(8x8cm), 물 4L, 가쓰오부시 80g

1. 다시마를 물에 넣고 중간 불에 올린 뒤 끓기 시작하면 바로 건져낸다.
2. 가쓰오부시를 넣고 불을 끈 뒤 2분 후에 체로 건져낸다.
3. 바로 사용하거나 차게 식혀 저장한다.

햄&소시지
: 돼지고기 가공품
HAM & SAUSAGE

돼지고기로 만든 가공품인 햄과 소시지는 오랜 시간 사랑받고 있다. 어떻게 염장하느냐, 어떤 재료를 넣고 만드느냐에 따라 수많은 종류의 햄과 소시지가 탄생된다.

Cured Ham

절인 햄. 주로 생햄이라고 부르며 돼지고기 부위를 통째로 염장해 건조·숙성시켜 만든다. 주로 이탈리아, 스페인에서 많이 생산되며 얇게 썰어 먹거나 샐러드, 카나페 등에 곁들여 먹는다.

1.
프로슈토 Prosciutto 이탈리아
고대 로마시대부터 만들어 먹었을 정도로 오랜 역사를 가진 이탈리아의 대표적인 생햄. 주로 돼지 허벅지살로 만든다. 통째로 염장한 다음 공기 중에서 숙성시키며 훈제는 하지 않는다. 짭조름하지만 달콤한 맛과 향, 부드러운 식감으로 모든 요리에 두루 사용하기 좋다.

2.
코파 Coppa 이탈리아
돼지 목살을 소금에 절여 양념한 뒤 건조시킨 이탈리아의 생햄 중 하나다. 프로슈토보다 지방이 더 많으며 돼지 한 마리를 잡으면 단 두 덩이만 얻을 수 있는 귀한 식재료 중 하나다. 붉은빛 목살에 하얀 지방이 고루 퍼져 풍성한 맛을 느낄 수 있다. 카피콜라나Capicolana라고 부르기도 한다.

3.
하몽 Jamón 스페인
스페인 정통 생햄. 돼지 뒷다리의 넓적다리 부분을 통째로 소금에 절인 후 신선한 바람에 건조시켜 만든다. 보통 1년 정도 건조와 숙성 과정을 거친다. 흰 돼지로 만든 하몽 세라노Jamón Serrano와 흑돼지로 만든 하몽 이베리코Jamón Iberico로 나뉜다. 하몽 이베리코 중에서 천연 사료와 도토리를 먹으며 자란 흑돼지를 하몽 이베리코 베요타Jamón Iberico de Bellota라고 부르며 하몽 중에서 최상위 등급으로 친다.

4.
라르도 Lardo 이탈리아
이탈리아 북부의 대표적인 가공품으로 돼지고기보다 비계의 함량이 더 높다. 생후 9개월 이상 된 돼지의 어깨 부위를 수개월 동안 염장·숙성시켜 만든다. 다양한 요리에 기름이 필요할 때 사용하며 얇게 잘라 수프와 함께 먹기도 한다. 비계의 부드러운 식감이 일품이다.

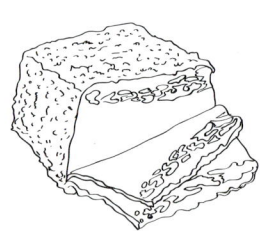

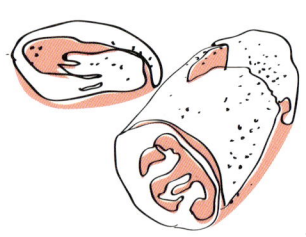

5.
판체타 Pancetta 이탈리아
돼지 뱃살을 염장해 만든 이탈리아식 베이컨. 이탈리아어로 돼지 뱃살을 판치아Pancia라고 하는데, 판체타는 이를 약간 변형한 것으로 '작은 뱃살'이라는 뜻을 가지고 있다. 크게 납작한 형태의 판체타 테사Pancetta Tesa, 돌돌 만 형태의 판체타 아로톨라타Pancetta Arrotolata, 코파를 넣고 만든 판체타 코파타Pancetta Coppata로 구분된다.

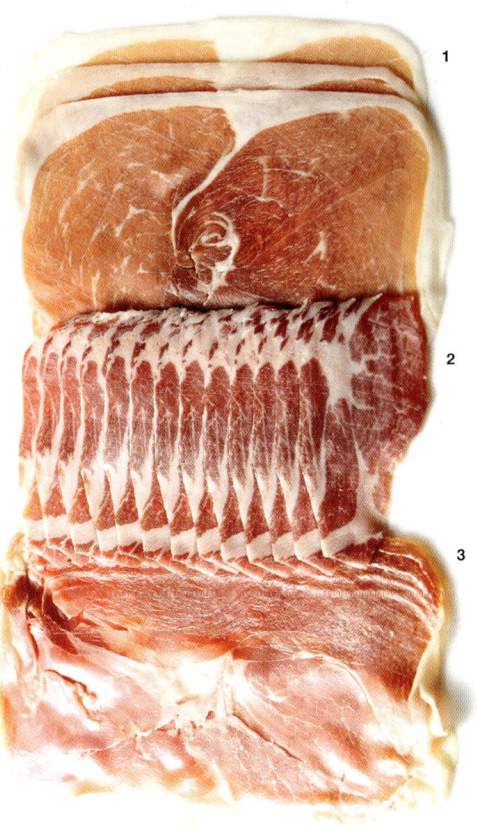

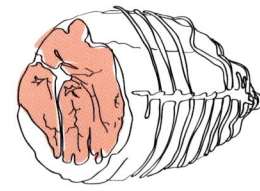

6.
쿨라텔로 Culatello 이탈리아
프로슈토를 만드는 장인의 실수로 만들어진 햄. 본래 돼지고기 뒷다리를 통째로 절여 만드는 프로슈토를 만들다가 돼지고기 뒷다리의 뼈를 제거해 어쩔 수 없이 그 상태로 염지해 만들었다. 실수로 만들었지만 프로슈토보다 고급스러운 햄이다. 살만 발라 염장해 돼지의 내장이나 방광에 싼 뒤 약 20개월 동안 숙성시켜 만든다.

Sausage

소시지. 다양한 향신료와 식재료 등을 넣어 양념한 잘게 다진 고기를 돼지, 소 등의 창자에 넣고 삶은 음식. 어떤 고기를 사용하느냐, 무엇을 넣느냐에 따라 종류가 나뉜다.

1.
모르타델라 Mortadella 이탈리아
이탈리아 볼로냐 지방에서 생산되는 소시지. 돼지고기를 곱게 갈아 향신료와 지방, 피스타치오 등을 넣어 콜드컷(Cold Cut)으로 만든다. 혼합물을 10~15cm의 인조 케이싱에 넣고 85℃ 이하에서 훈연하거나 삶아서 만든다. 사진은 얇게 슬라이스 된 이탈리아멘티(Italimenti)의 제품.

2.
미트로프 Meat Loaf 미국
부드럽게 간 돼지고기에 다양한 재료를 넣어 오븐에서 구운 것. 존쿡 델리미트(Johncook Delimeats)의 미트로프에는 올리브를 통째로 넣어 상큼한 맛이 난다.

3.
바이스부어스트 Weisswurst 독일
뮌헨에서 처음 만든 흰 소시지. 돼지고기와 송아지 고기를 섞어 만든다. 부드러운 식감과 풍미가 일품이다.

4.
스모크브랏 Smoked Brats 독일
흰색의 브랏부어스트를 한 번 훈제해 만든 소시지. 브랏Brat은 독일어로 잘게 다진 돼지고기를 뜻하는데, 이름에 걸맞게 곱게 간 돼지고기를 사용해 부드러운 식감을 느낄 수 있다.

5.
엔듀이 Andouille 프랑스
돼지고기와 고추, 마늘, 후춧가루 등을 섞은 뒤 케이싱에 충전 후 훈연하는 매콤한 소시지. 주로 프랑스에서 많이 먹는다. 매콤한 맛이 강하기 때문에 별도의 소스 없이 그대로 구워도 맛있다.

6.
이탈리안 소시지 Italian Sausage 이탈리아
돼지고기에 마늘, 펜넬 등을 넣어 만든 소시지. 피자, 리소토 등 정통 이탈리아 요리와 잘 어울린다.

7.
프랑크푸르터 Frankfurter 독일
독일 헤센 지방에서 유래된 긴 모양의 소시지. 은은한 훈연향과 톡 터지는 식감이 일품이다.

8.
브랏부어스트 Bratwurst 독일
독일을 대표하는 흰색 소시지. 1432년도부터 기록을 살펴볼 수 있을 정도로 오랜 역사를 자랑한다. 보통 허브와 함께 넣어 은은한 향을 즐길 수 있다.

9.
블러드 소시지 Blood Sausage
돼지 피를 주재료로 해서 만든 소시지로 각 나라별로 안에 넣는 재료가 다르다. 독일에서는 보리쌀을 넣기도 하고 영국은 주로 오트밀을 채워 넣는다. 우리나라의 순대도 블러드 소시지의 일종이다.

Dry Sausage

건조 소시지. 다진 육류에 지방, 향신료를 첨가해 케이싱에 채워 저온으로 장시간 건조해 만든 것. 생으로 먹거나 볶아 다양한 요리에 사용할 수 있다.

1.
살라미 Salami 이탈리아
돼지고기와 소고기 등심살에 돼지 기름을 넣고 소금, 향신료를 넣어 간을 세게 맞춰 건조해 만든 소시지. 훈연하지 않고 저온에서 장시간 건조한다. 너무 단단한 것보다 만졌을 때 탄력이 있는 것이 좋다.

2.
초리조 Chorizo 스페인
스페인의 건조 소시지 중 하나로 햄을 만들고 남은 돼지고기 부위를 잘게 다져 만든다. 다양한 향신료를 넣어 건조시키는데 파프리카나 칠리페퍼는 빠지지 않고 들어가 매운맛을 낸다. 그대로 얇게 슬라이스해서 먹거나 파에야, 프리타타 등에 넣어 먹기도 한다.

3.
살치촌 Salchichon 스페인
돼지고기 옆구리, 등살 부위에 베이컨을 섞고 소금, 통후추를 넣어 속을 만든 뒤 숙성시켜 만든다. 고기와 지방의 균형이 잘 잡혀 풍부한 맛이 나며 곳곳에 박혀 있는 통후추는 알싸한 맛을 더한다.

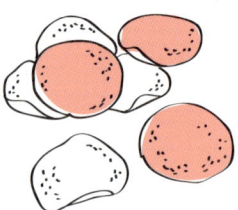

4.
페페로니 Pepperoni 이탈리아
피자 토핑으로 흔하게 볼 수 있는 페페로니는 이탈리아의 건조 소시지다. 향신료를 많이 넣고 건조시켜 맛이 강하다. 주로 얇게 썰어 사용한다.

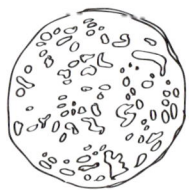

5.
제노바 살라미 Genoa Salami 이탈리아
돼지고기와 송아지고기를 다져 마늘, 후춧가루, 레드와인과 섞어 만든 이탈리아 건조 소시지. 주로 얇게 슬라이스해 샌드위치, 샐러드, 수프 등에 넣어 먹는다.

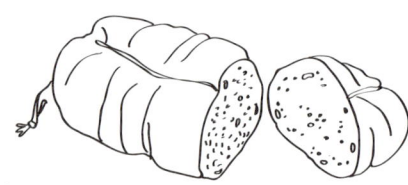

6.
은두자 Nduja 이탈리아
이탈리아의 건조 소시지인 은두자는 페페론치니를 잔뜩 넣고 만들어 빨간색과 매운맛이 특징이다. 양념한 돼지고기를 창자에 채운 뒤 훈제해서 먹는다. 빵에 발라 먹거나 파스타 소스에 넣어 먹는 등 다양하게 활용 가능하다.

살라미 슬라이스

Pressed Ham

프레스 햄. 다진 육류를 염지하거나 조미료, 향신료 등을 첨가해 케이싱에 충전 후 그대로 삶거나 쪄서 만든 햄.

3.
슬라이스 햄 Slice Ham
큰 덩어리 햄을 얇게 슬라이스해 간편히 먹을 수 있도록 가공한 햄. 가열하지 않고 생으로 먹을 수 있다. 주로 샌드위치에 넣어 먹는다. 사진은 프레시안의 '더(The)건강한 브런치슬라이스'. 얇게 깎는 첨단 컷팅기를 사용, 1mm 이하의 두께를 자랑한다.

1.
김밥햄
어디서나 손쉽게 구할 수 있는 햄. 겉에 있는 격자 무늬는 성형을 하는 과정에서 끈으로 묶어 생긴 무늬다. 잘게 다져 볶음밥에 넣어 먹거나 두껍게 썰어 그대로 구워 먹기도 한다. 통으로 판매하거나 김밥에 넣기 좋은 크기로 가공해 판매하고 있다. 바비큐, 마늘 등의 첨가물을 더한 제품도 있어 기호에 맞게 고를 수 있다.

2.
스팸 Spam
1937년 미국의 식품업체에서 만든 통조림 햄으로 Spice Pork And Ham의 줄임 말이라고 전해진다. 그 당시 과대광고를 너무 많이 해 스팸메일이라고 하는 말도 여기에서 시작되었다. 지금은 전 세계적으로 널리 알려진 햄으로 다양하게 조리해 먹을 수 있다.

허브
: 한국의 주방에서 많이 사용하는 기본 허브

유럽에서는 요리에서 허브 특유의 향을 매우 중요하게 생각한다. 프랑스 요리건 이탈리아 요리건 허브는 꼭 빠지지 않으며 맛의 캐릭터를 확실히 드러나게 해주는 요소다. 서양 요리를 만들면서 맛에 부족함을 느꼈다면 허브의 부재일 수도 있다는 점을 의심해보자. 여기 한국에서 자주 쓰는 허브 몇 가지를 소개한다.

타임 Thyme
은은한 솔향이 난다. 해산물, 생선, 육류에 모두 잘 어울린다. 생으로 사용하기도 하고, 잎을 말려 가루내 사용하기도 한다.

세이지 Sage
톡 쏘는 향이 있고, 잎과 꽃 모두 사용한다. 치즈, 소시지, 가금류 요리와 잘 어울린다.

민트 Mint
종류가 다양하다. 가장 많이 쓰이는 민트는 애플민트, 페퍼민트, 스피어민트 정도다. 제과에 많이 사용된다. 샐러드로 먹기도 하고, 말려서 차로 사용하기도 한다.

로즈메리 Rosemary
향이 진하고 강렬하다. 고기 요리에 주로 사용하고, 소시지나 햄에 넣기도 한다. 로즈메리를 말려 차로 마시기도 한다.

차이브 Chive
부추나 양파 같은 톡 쏘는 향이 은은하게 난다. 실파와 비슷하게 생긴 허브로 요리 마지막에 향을 더하거나 가니시로 사용한다.

타라곤 Tarragon

달콤한 향이 나고 매콤 쌉쌀한 맛이 난다. 주로 소스의 향을 돋우는 역할을 하고, 샐러드 드레싱이나 달걀 요리 등에 많이 활용한다.

바질 Basil

약간의 매운맛이 있고, 향긋하며 달콤한 향을 풍긴다. 주로 신선한 것을 사용한다. 잎과 줄기 모두 요리에 사용하고 토마토와 잘 어울리는 허브로 유명하다.

오레가노 Oregano

이탈리아 요리에 자주 등장하는 허브. 토마토와 잘 어울리고 육류 요리에 자주 쓴다.

월계수잎 Bay Leaf

양식 요리에 가장 자주 등장하는 허브. 고기 요리와 생선 요리 모두 잘 어울린다. 통째로 넣어 향을 우린다.

파슬리 Parsley

상큼하고 진한 풀향이 난다. 이파리는 다져서 요리 마지막에 향을 돋우는 데 쓰고, 줄기는 육수나 소스에 통째로 넣어 향을 우린다.

홀랜다이즈소스 응용
: HOLLANDAISE SAUCE

홀랜다이즈소스는 에스코피에가 분류한 모체 소스 중 하나로 달걀노른자와 유지를 유화시켜 만든 소스를 대표한다. 여기에 어떤 재료를 더하느냐에 따라 다양한 홀랜다이즈 파생소스가 만들어진다.

말타이즈소스 Maltaise Sauce
홀랜다이즈소스를 기본으로 만드는 말타이즈소스는 블러드 오렌지를 넣어 만든다. 홀랜다이즈소스에 블러드 오렌지 주스를 넣거나 블러드 오렌지를 갈아 넣기도 하고, 블러드 오렌지 제스트와 주스를 같이 넣기도 한다. 말타이즈소스는 보통 채소 요리와 잘 어울리는데 아스파라거스나 브로콜리 요리와 함께 내는 경우가 많다.

무슬린소스 Mousseline Sauce
무슬린소스는 홀랜다이즈소스에 헤비 크림Heavy Cream과 레몬 주스를 더해 만든다. 헤비 크림은 우유에서 유지방을 분리해 만든 생크림으로 유지방의 비율이 대략 40% 이상이다. 헤비 크림이 없을 경우, 생크림을 사용해도 무방하다. 홀랜다이즈소스에 고소한 맛을 더한 무슬린소스는 물에 끓여 익힌 생선 요리나 아스파라거스와 잘 어울린다.

베아네즈소스 Béarnaise Sauce

베아네즈소스를 홀랜다이즈소스처럼 모체 소스로 생각해도 된다. 단지 오귀스트 에스코피에가 베아네즈소스를 모체 소스로 분류하지 않기 때문에 그리 부르지 못하는 것뿐이다. 책에 따라 홀랜다이즈소스와 베아네즈소스를 함께 모체 소스로 분류하는 경우도 더러 있다. 베아네즈소스는 홀랜다이즈소스와 만드는 법은 거의 동일하나 타라곤, 처빌 등의 재료가 더 들어가는 점이 다르다. 고기 요리와 잘 어울리는 소스로 이 소스를 바탕으로 또 다른 파생 소스가 만들어진다.

팔루아즈소스 Paloise Sauce
팔루아즈소스는 프랑스의 전통적인 소스 중 하나로 민트 소스라고도 한다. 그 이유는 베아네즈소스에 타라곤을 빼고 민트나 졸인 민트를 넣어 만들기 때문이다. 강한 민트 향이 첨가된 팔루아즈소스는 그릴링한 고기 요리에 독특한 풍미를 더해준다.

포요트소스 Foyot Sauce/Valois Sauce
포요트소스는 베아네즈소스에 데미그라스소스를 더해 만든다. 데미그라스소스는 브라운 스톡을 졸여 만든 갈색 소스로 진한 고기 맛을 느낄 수 있다. 베아네즈소스의 크리미하고 풍부한 맛에 데미그라스소스의 깊은 고기 맛이 어우러진 포요트소스는 구운 고기 요리나 육류 내장 부위를 요리한 것과 잘 어울린다.

쇼롱소스 Choron Sauce
쇼롱소스는 베아네즈소스에 와인과 함께 볶은 토마토 퓌레를 섞어 만든다. 장밋빛이 나는 소스로 물이나 레몬 주스로 소스의 농도를 조절한다. 토마토 퓌레를 볶을 때 쇼롱소스를 어떤 요리와 곁들이느냐에 따라 와인의 종류를 달리해 넣는다. 구운 고기나 가금류 요리와 잘 어울린다.

후추
: 아주 당연한 후추 상식
KING OF SPICES PEPPER

오늘날 세계적으로 가장 많이 쓰이는 향신료 가운데 하나다. 인도에서 처음 사용하기 시작했으며 6세기경 유럽에 소개되면서 후추가 거둔 성공은 대단했다. 거의 모든 음식에 들어갔으며, 사용량 또한 식재료 자체의 맛을 감출 정도로 지나쳤다. 후추가 유럽에 소개되기 전까지만 해도 그들의 주된 조미료는 소금뿐이었다. 소금으로 간을 한 단조롭고 지루한 음식만 맛보던 유럽의 귀족들은 후추의 감미로운 향기와 풍미에 순식간에 매료되었다. 냉장 시설이 존재하지 않았던 당시 싱싱하지 않은 고기의 맛을 살리면서 냄새까지도 가려주는 후추가 무척 매력적으로 느껴졌을 게 당연하다. 그러나 후추는 너무나 비싸 화폐로 종종 사용되었고, 세금이나 벌금 또는 결혼 지참금으로 쓰이기도 했다.

14세기 말 프랑스의 왕 샤를르의 요리사였던 기욤 티렐Guillaume Tirel, 일명 타이유방은 요리서 <비앙디에Viandier>를 남겼다. 이를 통해 당시의 조리법을 알 수 있는데, 특히 인상적인 것은 모든 요리에 후추를 터무니없을 정도로 많이 쓰고 있다는 점이다. 소스 개념이 명확히 잡힌 시기는 아니었지만 당시 소스는 대체로 시면서도 동시에 후추의 풍미가 아주 강했다. 축제와 같은 행사에서는 후추의 분량이 더욱 증가했다. 이는 중세 시대의 요리법이 신중하게 맛보고 양념을 한다거나, 요리를 미각적으로 완성시킨다거나, 각각의 첨가물이 서로 조화를 이루게 하는 것과는 거리가 멀었다는 사실을 증명한다. 이렇게 지나치게 후추가 많이 첨가된 음식은 오늘날 사람들의 입맛으로는 거의 먹을 수 없는 것이니 그런 음식을 즐기기는 더욱이 불가능하다. 이처럼 중세 요리의 특징은 '후추에 대한 강렬한 욕구' '후추 중독' '후추에 대한 광기 어린 집착'이라는 말로 표현할 수 있을 정도로 후추를 과도하게 사용했다는 것이다.

우리나라에서도 이인로의 <파한집>이나 <고려사>에서 심심치 않게 후추에 대한 이야기가 기록되어 있는 것을 볼 수 있다. 고려시대부터 인도와의 직접적인 무역이 있었음에 틀림없다. '후추'라는 이름은 중국 한나라 때 호나라의 사신으로 갔던 장건이 비단길을 통해서 가져왔다는 속설에 따라 붙여진 것으로, 호나라의 산초를 줄여서 호초라 불리다 지금의 후추가 되었다. 고려시대의 후추는 매우 귀한 물품이었다. 유럽인들만큼이나 후추의 맛을 좋아해서 금과도 바꾸지 않을 정도였다. 조선시대에 들어서도 후추는 부귀와 영화의 상징이었다. 조선시대의 문신 유성룡이 임진왜란 동안 경험한 사실을 기록한 책인 <징비록>에 나오는 일화다. 선조 때 우리나라의 사정을 염탐하러 도요토미의 밀정으로 온 왜국의 사신이 술좌석에서 후추를 한 주먹 꺼내서 자리에 뿌렸다. 그러자 벼슬아치나 기생이나 할 것 없이 그것을 줍느라 잔칫상이 금세 아수라장이 되었다고 한다. 다치바나 야스히로는 이를 보고 조선 관리들의 기강이 이 모양이니 침략하기 쉬울 것이라 했다고 한다. 이 정도로 후추는 비싼 물건이었지만 조선 사람들은 유럽인들처럼 직접 동남아시아로 가서 후추를 구입하는 열의는 보이지 않고, 일본을 통해 수입하는 데 그쳤다. 이렇듯 후추는 허세와 부귀를 좇는 탐욕을 불러오고 침략과 전쟁의 제국주의 역사와도 함께한다.

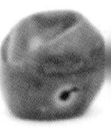

동서양을 막론하고 제대로 된 조미료는 소금 정도가 전부이던 시절에 귀족들의 화려한 탐미적 취향을 유혹하고, '있어 보이는' 음식을 만들게 한 유일무이한 향신료였다.

후추의 생산 과정을 알고 있는지? 후추 덩굴에서 꽃이 떨어지고 나면 녹색 다발의 후추 열매들이 빽빽하게 열리는데 익으면 붉게 변한다. 오랫동안 사람들은 흑후추와 백후추는 서로 다른 종류의 씨앗이라고 생각했다. 사실 색이 다양해지는 이유는 제조 과정에서 조금씩 변화를 주기 때문이다. 완전히 익기 전의 초록색 열매를 따서 햇볕에 며칠 말리면 주름이 생기고 검은색을 띠게 되는데 이것이 우리가 일반적으로 쓰는 흑후추다. 반대로 백후추는 붉게 익은 열매를 따서 소금물에 담가 외피를 벗긴 후 흑후추보다 짧은 시간 동안 빨리 말린 것으로, 건조한 뒤 선별 작업을 거친다. 녹후추는 덜 익은 초록색 열매 자체로 인도나 태국에서는 신선한 송이째로 팔리며 소금물 또는 식초물이 담긴 캔이나 병에 넣어 유통한다.

찾아보기
: INDEX

● ㄱ

감칠맛	4
가공 치즈	100
가금류	8
가르다몸	49
가리비	58
가바야키 타레	91
가쓰오다시	129
가지	48, 60
간장	95
간장구이장	127
간장무침장	127
갈랑갈	48
감사	46, 53
갑각류스톡	129
강황	57
건조 소시지	132
겨자냉채양념장	127
경성 치즈	100
경수채	59
계량법	6
계량스푼	7
계량컵	7
고기 육수	10
고등어	58
고르곤졸라	55
고사리	65
고수	48
고수 페스토	121
고이쿠치 쇼유	44
고추	65
고추냉이	59
고추장	95
구아바	47

● ㄴ

그라나파다노	55
그린로즈 애플	49
그릴 팬	119
긴양	91
김밥햄	133
김치양념장	127
깻잎	65
나폴리탄소스	108
난반즈	91
남아메리카 식재료	46
낭투아소스	34
넛맥	48, 56
네리고마	91
노르망디소스	37
노추	45
뇨키 보드	112
니젤라	57

● ㄷ

다이앤소스	40
달걀 삶기	12
달걀 파스타면	13
달걀말이 팬	119
닭 가슴살	16
닭 날갯살	16
닭 넓적다릿살	16
닭 다릿살	16
닭 모래주머니	17
닭 안심살	16
닭간	17
닭고기 손질	14
닭목	16
닭발	17
닭볶음장	127
닭연골	17
대구	51
대추	64
더덕	65
데리야키 소스	91
덴가쿠미소	90
도라지	65
도미	58
도사조유	91
도사즈	91
동남아시아 식재료	48
돼지	8
돼지 간	18
돼지 뇌	18
돼지 부위별 사용법	22
돼지 선지	18
돼지 심장	18
돼지 위	18
돼지 지라	18
돼지 창자	18
돼지 콩팥	18
돼지 허파	18
돼지갈비	19
돼지갈비 트리밍	19
돼지고기 가공품	130
돼지내장	18
된장	95
된장찌개장	127
두각	61
두리안	49
두부	61
딜	51

● ㄹ

라르도	130
라임	47
라클레트	63
락쿄	59
람부탄	49
럽	84
레드 페스토	121
레몬그라스	48
레스팅	80
레시피 단위	25
레시피 작성법	23
렌즈콩	53
로베르소스	41
로즈메리	134
로크포르	63
롤라로사	54
롱 블랙 페퍼	56
루콜라	54
루콜라 페스토	121
룰라드	14
리코타	55
링곤베리	50

● ㅁ

마늘	53, 60, 65
마드리드 퓨전	66
마른 샹트렐 버섯	62
마리네이즈	84
마리아주	26
마조람	54
마초	61
마토	53
마틀로트소스	41
만체고	53
만한전석	97
말타이즈소스	136
망고스틴	49
매기 씨즈닝	45
매드	66
매시	122
매실	59, 64
맥주 페어링	27
머랭	28
머스터드 시드	57
머스터드소스	35
메이스	56
메이즈	46
모르네이소스	34
모르타델라	131
모차렐라	55
모체 소스	30
모하마	52
목이버섯	61
묑스테르	63
무슬린소스	136
문어	52, 58
미나리	65
미쉐린 가이드	43
미장플라스	32
미트로프	131
민트	134
밀라네제소스	108

● ㅂ

바나나 잎	47, 49
바스트	85
바이스부어스트	131
바질	54, 135
바질소스	109
바칼라오	52
박하	49
반경성 치즈	100

발효 양념장	127	생추	45	● ㅇ		우엉	65
밤	64	생치즈	100	아나르다나	57	웍	118
방울다다기양배추	51	서양배	62	아디아샤발	53	월계수잎	57, 135
배	64	선지	51	아라비아따소스	108	월드 50 베스트 레스토랑	43
버섯소스	37	성게	58	아마란스	46	유맥채	60
버터	63	세계의 간장	44	아보카도	47	유자	64
번철	119	세이보리	54	아사푀티다	57	유채	59
베르시소스	37	세이지	54, 134	아조완	57	육수	10
베샤멜소스	30, 34	셀러리악	51	아키오테	47	은두자	132
베아네스소스	137	셜롯	48, 62	아티초크	53	이탈리아 식재료	54
벨루테소스	30, 36	소	8	알망드소스	36	이탈리안 머랭	29
벳코앙	91	소간	51	알브페라소스	37	이탈리안 소시지	131
보리	64	소고기 등급제	71	암추르	56	인도의 식재료	56
보헤미안소스	35	소고기 마블링	70	앤초비	52	인삼	65
복기	116	소고기 부위 리스트	72	야생동물	8	일본식 달걀구이	104
볼로네제소스	108	소고기와 과학	68	야자 설탕	48	일본의 식재료	58
부추	60	소스 아 랑글레즈	35	양	8	일식 기본 썰기	88
북유럽 식재료	50	소시지	130	양고기	51	일식 소스	90
분자요리	38	소테	116	양배추	59		
붕장어	58	솔팅	85	양상추	60	● ㅈ	
브라운소스	30, 40	송이버섯	61	양식 기본 썰기	86	자고	59
브랏부어스트	76, 131	쇼롱소스	137	양식 특수 썰기	87	잣	64
브레드프루트	47	수비드	78	양조간장	44	장	94
브로콜리	60	수비즈소스	34	양하	59	전갱이	58
브리	63	수제 소시지 만들기	76	에이징	80	전복	61
블러드 소시지	131	순록고기	51	에파조테	47	젓갈양념장	127
블루 치즈	100	순무	59, 62	에푸아스	63	정어리	52, 58
비가라드소스	40	순채	59	엑스트라버진 올리브오일	92	정향	49
비발효 양념장	127	슈	110	엔듀이	131	제네브아소스	40
비커	6	슈프림소스	36	여주	60	제노바 살리미	132
빌레루아소스	37	스모그브랏	131	연성치즈	100	조선간장	44
삐데네	112	스위스 머랭	29	연어	51	죽순	60
		스이지	91	연화	9	죽합	51
● ㅅ		스테이크	80	염소젖 치즈	100	줄기콩	62
사과	62	스팸	133	영귤	59	중국요리	97
사셰르소스	40	슬라이스햄	133	오레가노	54, 135	중국의 식재료	60
사프란	53, 56	시나몬	56	오로라소스	37	중화요리	97
산 마르차노 토마토	54	시어링	116	오믈렛 팬	118	진간장	44
산초	59	시즈닝 맵	82	오미자	64	진피	61
살라미	55, 132	시즈닝 타이밍	84	오징어	58		
살치차	52	실란트로	47	오크라	48, 59		
살치촌	52, 132	싸우쓰	85	올리브	53		
새우	51, 52	쌀	64	올리브오일	92		
생강	56, 60	쌈장	127	옹고	53		
생면 파스타	13	씨유담	45	용안	49		
생선 손질 도구	42			우로코비키	42		
				우스쿠치 소유	44		

● ㅊ

차이브	62, 134
참깨	64
처빌	62
처트니	98
청경채	60
청국장찌개장	127
청어	51
체다치즈소스	35
체리모야	47
초고버섯	61
초고추장	127
초리조	132
초무침양념장	127
치미추리	98
치즈의 종류	100
치킨 차트	16
치킨스톡	10
칠면조	51

● ㅋ

카네바시	42
카더몬	51, 56
카디널소스	35
카르둔	54
카마론	52
카쏜	52
카카오	46
카피르 라임 잎	48
칼솟	53
캐러웨이	51
캐러웨이 시드	57
커민	57
커스터드 크림	102
케소 아술	53
케찹 마니스	45
코리앤더	56
코코넛	49
코파	130
콜라비	51
콩나물	65
콩소메	11
쿨라텔로	130
쿨리	122
퀴노아	46

퀸스	47
크레올소스	109
크레이프 팬	119
크렘 파티시에	102
크림소스	35
크림토마토소스	109
클라우드베리	51
키드니빈스	46

● ㅌ

타라곤	135
타로	48
타마고야키	104
타마린드	49, 56
타임	134
타케사사라	42
테이블 매너	106
토란	59
토마토	46, 53
토마토소스	31, 108
토마티요	46
트레비소	54
트리밍	19

● ㅍ

파넬라	47
파떼 아 슈	110
파르미지아노 레지아노	55
파스타 도구	112
파스타 삶는 법	113
파스타 생면	114
파스타 커터	112
파스타 컷팅 롤러	112
파슬리	135
파슬리 페스토	121
파에야 팬	118
파티시에	115
파파야	47, 49
파피 시드	57
판다누스 잎	49
판체타	130
팔각	57, 61
팔루아즈소스	137
팥	64

팬 조리법	116
팬스티밍	116
팬의 종류	118
팬프라잉	116
페누그릭	57
페스토	120
페페로니	132
페피타스	46
펜넬	54
펜넬 시드	57
포도	62
포르투갈식소스	109
포블라노	46
포요트소스	137
폰즈	91
폴 에피	63
푸드 컨퍼런스	66
푸타네스카소스	108
퓌 렌즈콩	62
퓌레	122
프랑스의 식재료	62
프랑크푸르터	131
프레스 햄	133
프렌치 머랭	29
프로방살소스	109
프로슈토	55, 130
프리클리 페어	47
프릭 치 파	48
프릭 키 누 수언	48
프릭 행	48
프아브라소스	41
플랜틴	47
플레이팅	124
플리핑	80
피낭시에르소스	41
피시스톡	128
피시퓌메	128
핀토콩	46

● ㅎ

하몽	52, 130
한국의 식재료	64
한식 기본 썰기	89
한식 양념장	126
할라피뇨	46
해산물 육수	128

해삼	61
해파리	61
햄	130
향채	60
허브	134
헝가리안소스	37
호네누끼	42
호밀	51
호야산타	47
홀랜다이즈소스	31, 136
홀스래디시소스	37
화이트 와인소스	36
후추	138